EL PUNTO DE VISTA DE EUROPA

JUAN ANTONIO FALCÓN BLASCO

ÍNDICE

INTRODUCCIÓN

Esta obra recoge una selección de artículos publicados por el autor en distintos medios de comunicación con la pretensión de que, independientemente del tema tratado y de la actualidad del asunto concernido, se destile el punto de vista de Europa frente a los diversos problemas que sobrevuelan el mundo.

Es decir, no es el objetivo de esta obra establecer una doctrina sobre los asuntos que son el centro de cada artículo, sino que el lector pueda entrever la posición y la forma de pensar europeas frente a los devenires de los acontecimientos nacionales e internacionales.

De esta manera, se puede comprender la motivación que se mueve detrás de las decisiones y de las tomas de posición que Europa, en general, y de los diversos Estados europeos asumen para la discusión y la solución de tales problemas.

Lógicamente, el punto de vista europeo al cual nos referimos tiene su mejor encarnación en la Unión Europea y en sus Estados miembros.

AHORA ES EL MOMENTO

Hablar de un liderazgo de Occidente treinta años después del fin de la Guerra Fría ya no es creíble porque una China cada vez más nacionalista va camino de reemplazarlo. Sin embargo, no ha sido la rivalidad con China lo que debilita a Occidente. En todo caso, su caída ha sido acelerada por acontecimientos internos desencadenados a ambos lados del Atlántico. Aunque no exclusivamente, tienen un particular protagonismo el referéndum del Brexit en el Reino Unido y la elección del presidente norteamericano Donald Trump. Tales acontecimientos implican el renacer de una obsesión por una soberanía nacional estrecha de miras y sin futuro.

Fueron los líderes de Estados Unidos y del Reino Unido los que crearon el orden de posguerra y sus principales instituciones, desde las Naciones Unidas y el Acuerdo General sobre Aranceles Aduaneros y Comercio (precursor de la Organización Mundial de Comercio) hasta el Banco Mundial y el Fondo Monetario Internacional.

Si Occidente, como idea y como bloque político (baluarte de la democracia y de los derechos humanos), ha de sobrevivir, algo tendrá que cambiar. Estados Unidos y la Unión Europea (UE) serán más débiles aislados que como un bloque solidario. No obstante, los europeos ahora no tienen otra opción que transformar la UE en un actor de poder genuino y por derecho propio. Una grieta profunda se ha abierto entre los europeos continentales, que deben aferrarse a la construcción occidental tradicional, y los anglosajones cada vez más nacionalistas.

En el futuro, más allá de quién sea el presidente, Estados Unidos tendrá que lidiar con una Europa mucho más preocupada por su propia soberanía que en el pasado, particularmente en cuestiones tecnológicas, de defensa y de política industrial. Las entrañables interdependencias de los años inmediatamente posteriores a la Guerra Fría son cosa del pasado. Será necesario reformular la relación. Europa tendrá que hacer mucho más para salvaguardar sus propios intereses, y Estados Unidos haría bien en entender que los intereses de Europa pueden ser diferentes de los suyos.

El orden unipolar, eurocéntrico y basado en reglas ha sido reemplazado por un cuadrilátero de caos que comprende China, Rusia, Turquía y la América de Trump. Europa tendrá que abandonar la noción de que la geopolítica es un ámbito de alianzas e instituciones permanentes. Para defender sus valores e intereses la UE tendrá que asumir una mayor responsabilidad diplomática en la seguridad regional, buscando una combinación de disuasión y diálogo con Rusia y Turquía.

Ahora es el momento de que Europa retome un rumbo lúcido y seguro. Es ineludible que los líderes de la UE reconozcan la necesidad de involucrar activamente a los ciudadanos del Viejo Continente en la construcción europea. Los líderes de la UE han promocionado durante mucho tiempo un concepto vacío de ciudadanía europea, enfatizando los derechos y olvidando las responsabilidades y cargas compartidas.

La pandemia de la covid-19 podría ayudar aquí, no sólo al resaltar cuán entrelazados están nuestros destinos, sino también a reconsiderar la forma de estar en el mundo. A esto contribuirá, en un sentido o en otro, una correcta aplicación del Plan de Recuperación para Europa.

Ursula von der Leyen planteó la idea de una Conferencia sobre el Futuro de Europa, una plataforma para involucrar a los ciudadanos en un amplio debate sobre lo que la UE debería ser y cómo lograrlo (listas transnacionales al Parlamento Europeo, un Tesoro comunitario, política económica y fiscal común, etc.). Pero la iniciativa se ha retrasado debido a la pandemia del coronavirus, aunque se espera retomarla este otoño. De otro lado, el Consejo Europeo ya ha rechazado la posibilidad de cualquier cambio en los Tratados de la Unión derivado de la Conferencia. Los gobiernos nacionales no quieren evoluciones reales y desean seguir como intermediarios con Bruselas.

Es hora de salir del círculo vicioso que mantiene la culminación del edificio paneuropeo paralizada. Unos europeos dependen de los otros, y no podemos esperar a la siguiente crisis para avanzar en este proyecto que se llama Europa.

AMÉRICA LATINA COMO TABLERO GEOPOLÍTICO DE RUSIA

Recordemos primeramente que la desaparición de la Unión Soviética a finales de 1991 redujo significativamente la influencia de Moscú en América Latina. Posteriormente, la influencia geopolítica de Rusia en la región fue recuperándose entre 1997 y 1999, después de que el Kremlin asumiera que su tentativa de integrarse en las instituciones occidentales había fracasado, y gracias en gran medida a la relación recién iniciada con el gobierno bolivariano de Venezuela.

La presencia de Rusia en el continente latinoamericano forma parte de una estrategia internacional más amplia cuyo objetivo principal es alcanzar el estatus de gran potencia capaz de socavar el liderazgo de Estados Unidos en la región y en el orden internacional, compitiendo con la otra gran potencia emergente, China.

América Latina es el "patio trasero" de Estados Unidos (el equivalente al "extranjero cercano" de Rusia) donde Moscú busca construir un sistema de relaciones internacionales sin hegemonía de los estadounidenses, y en la medida de lo posible, colaborando con China. La percepción de Moscú de que el apoyo de Estados Unidos a las "revoluciones de color" en los países del espacio postsoviético (en particular en Georgia y Ucrania) ha estado dirigido contra los intereses rusos, explica su decisión de ejercer un papel similar en la vecindad estadounidense.

En este sentido, aunque las actividades de Rusia en América Latina están impulsadas principalmente por incentivos financieros, la motivación de Vladimir Putin para devolver a Rusia el estatus de gran potencia se halla firmemente enraizada en la geopolítica. Moscú ha buscado desarrollar asociaciones con países que comparten un interés en crear instituciones y relaciones que no estén dominadas por Estados Unidos o la Unión Europea (UE).

Así, en este camino, desde la llegada al poder de Vladimir Putin como presidente de la Federación de Rusia en el año 2000, pero sobre todo desde 2008, Rusia ha intensificado su presencia en América Latina a través de reuniones bilaterales al más alto nivel y de los medios de comunicación financiados por el gobierno ruso: televisión RT, RT Noticias y la agencia de noticias Sputink News.

Brasil y México son los mayores socios comerciales de Rusia, mientras que el "triángulo del Caribe" (Venezuela, Cuba y Nicaragua), con estrechos vínculos políticos y militares con el Kremlin, favorece la penetración geopolítica rusa en el continente.

La interacción de Rusia con América Latina condicionará significativamente el futuro orden político regional (no tanto el económico), así como el internacional, en el que Rusia apuesta por un modelo multipolar o posoccidental.

Pasando a analizar las relaciones bilaterales de Rusia con los países de América Latina, éstas pueden dividirse en tres grupos principales: (1) los antiguos aliados del período soviético (Cuba y Nicaragua); (2) los países del ALBA con claras posiciones antiestadounidenses (Venezuela y, en menor medida, Bolivia); y (3) los socios comerciales.

Los socios comerciales más importantes de Rusia en la región son Brasil, México, Ecuador, Chile, Paraguay, Argentina y Trinidad y Tobago. Y desde 2005 Rusia ha firmado acuerdos para elevar sus relaciones bilaterales al nivel de "asociación estratégica", con Argentina, Brasil, Venezuela, Colombia y Ecuador. Conferir este estatus a la relación bilateral es una forma de reconocer la importancia que le otorgan ambas partes, así como un modo de intensificar tales relaciones bilaterales.

Además, independientemente de los tres grupos de países definidos ha existido una extraordinaria actividad diplomática del presidente y del ministro de Exteriores de Rusia en la región. El compromiso diplomático de Rusia con este área parece ser más importante que los intereses comerciales o militares. Las visitas de altos funcionarios del gobierno ruso a los países latinoamericanos se han visto complementadas por múltiples reuniones con responsables políticos del área por parte del CEO de Rosneft, Igor Sechin, que ejerce tanto o más poder e influencia en Rusia que muchos ministros del gabinete. Sechin ha desarrollado en especial estrechos vínculos personales con la elite política de Venezuela.

Sin embargo, la cooperación en materia de seguridad y defensa, en sus dos principales formas, venta de armamento junto a diplomacia militar y seguridad no tradicional, representa también un papel importante en la presencia de Rusia en América Latina. Como ya se ha señalado, Rusia ha reactivado y construido relaciones con los Estados clientelares de la era soviética, Nicaragua y Cuba, así como con países que compraron bienes militares rusos durante la Guerra Fría y que han mantenido algunos vínculos con las fuerzas armadas rusas, como Perú y, en menor medida, México y Brasil.

Tenemos que apuntar que Rusia no representa una amenaza

militar para los países de la región (salvo que apoye militarmente cambios de gobierno o establezca alianzas militares). Sin embargo, su estrecha colaboración con las fuerzas armadas de Venezuela y Nicaragua crea tensiones con los países vecinos.

Igualmente, destaca que un giro importante de Rusia en su presencia estratégica en América Latina lo ha producido su participación en los programas de combate contra el narcotráfico. Una de las razones para ello es el vínculo entre las mafias rusas y las de la región, sobre todo con las de Colombia. Desde 2009 mantiene una cooperación importante con Bolivia en esta materia, que se ha renovado recientemente. Con Argentina y Colombia, Rusia lleva a cabo regularmente operaciones contra el narcotráfico. Entre 2013 y 2017 Rusia construyó un centro regional antidrogas en Nicaragua, que pretende desarrollar la cooperación de Rusia con todos los países de la región en esta materia.

Fijándonos ahora en la contrapartida a la presencia rusa en la región, observamos que la Unión Europea (con el protagonismo de España) ha intentado mantener los importantes programas de cooperación llevados a cabo con el área latinoamericana como un impulso concreto a una asociación estratégica birregional.

La UE es el tercer socio comercial de los países latinoamericanos, la primera fuente de Ayuda Oficial al Desarrollo, el primer importador mundial de alimentos de América Latina y un factor de cooperación para fomentar el comercio y la inversión.

Junto al Acuerdo de libre comercio Mercosur-Unión Europea, la creación de la Alianza del Pacífico (AP), que integran Chile, Colombia, México y Perú (con 42 observadores, 13 de ellos miembros de la UE), ha venido a dinamizar un proceso de integración latinoamericana acorde con las nuevas tendencias en las relaciones económicas internacionales. La AP, que se presenta como un instrumento complementario al MERCOSUR, afronta las necesidades comunes en conectividad, energía e impulso del comercio entre UE y América Latina

Por otro lado, la UE es un importante factor de equilibrio estratégico en la zona. Para ello, el programa de investigación, innovación, ciencia y tecnología de la UE está abierto a la participación de los países latinoamericanos, así como el programa "Erasmus Plus", que promueve la movilidad estudiantil y académica.

Además, la UE firmó en el año 2000 una serie de acuerdos de asociación integral con México, Chile, Perú y Colombia. En febrero de 2014 la UE y Cuba restablecieron el diálogo con vistas a concretar un acuerdo especial de cooperación para desarrollar el comercio y la inversión. El mismo año, Ecuador y la UE alcanzaron un acuerdo comercial.

Para concluir destaquemos que hay una gran diferencia entre la agenda política de la UE y Rusia en la región: mientras la UE aspira a ser una potencia que basa su política exterior en la defensa de los derechos humanos, los valores democráticos y la cooperación, los mayores socios políticos de Rusia en la región son los países menos democráticos.

Obviamente, la inestabilidad de la región, a la cual puede contribuir la actividad de los medios de comunicación rusos y las redes sociales, puede perjudicar las relaciones políticas y económicas de América Latina con la UE (y con España en particular). Por ello, Estados Unidos y la UE deben centrar sus esfuerzos en los países clave de la región, como Argentina, Brasil, Colombia y México, para reducir tensiones y frenar a los medios de comunicación rusos en sus intentos de degradar y desacreditar los sistemas políticos democráticos.

CINCO CONFLICTOS EUROPEOS: EL CASO DE NAGORNO KARABAJ

En el suelo del este europeo continúan existiendo cinco conflictos congelados que de vez en cuando vuelven a activarse, como ha sido el caso de Nagorno Karabaj. Tales conflictos procedentes del área de la antigua Unión Soviética están ahí pese a que la Unión Europea y los europeos prefieren no prestarles atención.

Estos conflictos son Abjasia y Osetia del Sur en Georgia, Transnistria en Moldavia, Nagorno Karabaj en Armenia y Azerbaiyán, y Dombás en Ucrania.

Todas las guerras están plagadas de violencia, inhumanidad e iniquidad, pero quien dedica tiempo a investigar sobre estos conflictos descubre que, en éstos en concreto, la crueldad, la barbarie y el sadismo practicados sobre personas indefensas puede llegar a extremos realmente intolerables, haciéndole dudar del ser humano.

Además del conflicto de Dombás en Ucrania, los otros cuatro tienen su teatro en el Cáucaso. Si en alguna zona del mundo la "venganza de la Geografía", como observó Kaplan, se hace realidad, ésa es el Cáucaso. Desde antiguo, la historia del Cáucaso, tras periodos de olvido, resurge constantemente como una de las regiones en el límite entre Europa y Asia más complicadas. En la mentalidad de la Antigua Grecia, el Cáucaso era un lugar tan inhóspito e inaccesible que Prometeo fue castigado y relegado a este confín por Zeus como castigo divino por robar el fuego de los dioses y dárselo a los hombres. Esta región, con unos ricos recursos naturales, pero escasamente explotados hasta el descubrimiento del petróleo a finales del siglo XIX, ha sido tradicionalmente un escenario secundario. Los imperios ruso, turco y persa confluyeron en estas tierras, produciendo una mezcla caótica de pueblos, religiones y lenguas.

Los cinco conflictos tienen la mala suerte de ser la grieta que une dos placas tectónicas: Occidente y Rusia. Y los cinco son marionetas de los intereses y manipulaciones del Kremlin, ahora como hace siglos. Moscú continúa viendo estos conflictos en términos geopolíticos, como una lucha indirecta con Occidente. Recientemente le ha tocado a Nagorno Karabaj volver a sangrar, como ya era previsible hace tiempo.

Podemos afirmar que la disputa de Nagorno Karabaj entre Armenia y Azerbaiyán sigue siendo el conflicto más peligroso en el espacio postsoviético. Antes de las hostilidades de 2020 parecía que desde 2018 las tensiones políticas se habían aliviado y las bajas habían disminuido en la Línea de Contacto que divide a los dos ejércitos desde que una nueva administración, encabezada por el primer ministro Nikol Pashinián, llegó en 2018 al poder en Armenia.

Por resumir y no hacer referencia a épocas anteriores diremos que la histórica región del Cáucaso, Nagorno Karabaj, actual República de Artsaj (denominada hasta 2017 como República del Alto Karabaj) ocupa un área de 4400 km² y su capital es Stepanakert. Por décadas ha sido objeto de interés estratégico para rusos y turcos. Con la caída de los imperios al final de la Primera Guerra Mundial, las repúblicas de Georgia, Armenia y Azerbaiyán se pensaron independientes. Pero el manto de la recién creada Unión Soviética los cobijó represivamente con el guiño de la nueva nación de Turquía.

El territorio de Nagorno Karabaj, en la región del Cáucaso, está poblado en un 90% por armenios con religión cristiana de la Iglesia Apostólica Armenia (oficialmente Iglesia Gregoriana Apostólica Armenia), fundada en el siglo I y que es la iglesia nacional más antigua del mundo. Pese a esto fue cedido en 1921 a la antigua República Soviética de Azerbaiyán por iniciativa de Joseph Stalin.

El llamado Comité Caucásico Bolchevique, reunido en Tiflis el 4 de julio de 1921, resolvió primero adscribir la región como perteneciente a Armenia y, 24 horas después, entregársela a Azerbaiyán. Dicha manipulación, con tan sorprendente y abrupto cambio, fue debida a la presión de Stalin y de Narimanov, este último presidente de Azerbaiyán en aquel momento.

La política de Stalin de unir Nagorno Karabaj a Azerbaiyán debería verse dentro del contexto de la cooperación soviético-turca y la forma en que los bolcheviques mantuvieron su influencia en el Cáucaso. Además, el objetivo de los turcos siempre ha sido apoyar a Azerbaiyán, con quienes sostienen una relación histórica y hereditaria de los antiguos seléucidas. De otra parte, dado que los otomanos llevaron a cabo en 1915 un genocidio que mató a más de un millón de armenios vieron con buenos ojos que Nagorno Karabaj les fuera arrebatado.

Con la disolución de la URSS a finales de la década de los ochenta, la tensión entre Armenia y Azerbaiyán para controlar la región volvió a crecer. El gobierno de la región organizó un referéndum en 1991 para decidir si la zona se independizaba de Azerbaiyán, y la región declaró su independencia el 6 de enero del 1992. Esto desencadenó un conflicto militar que duró desde 1988 hasta 1994, teniendo sus momentos de mayor intensidad entre 1992 y 1993. El alto el fuego fue firmado en mayo de 1994.

En el año 2016 se produjo un recrudecimiento del conflicto denominado la guerra de los Cuatro Días, pero fue el 27 de septiembre de 2020 cuando Azerbaiyán volvió a atacar para recuperar Nagorno Karabaj y siete provincias que circundan esta región, cuyo control perdió en 1994.

Durante los últimos años Azerbaiyán ha empleado el beneficio del petróleo y del gas que extrae para armarse y prepararse mejor militarmente. Así, dada la creciente brecha de población (3 millones Armenia y 10 millones Azerbaiyán) y de capacidades militares entre las partes, junto a la falta de progreso diplomático, la tentación de usar la fuerza creció en el lado azerí. Al mismo tiempo, el Kremlin no estaba contento con la forma en que el primer ministro armenio Nikol Pashinián, que llegó al poder en 2018 tras una revolución democrática, manejó el problema de Karabaj y las relaciones con Bakú. En opinión de Moscú, Pashinián es un activista político prooccidental y sin experiencia militar, de ahí que el Kremlin adoptara una postura deliberadamente dura sobre Karabaj.

El colapso de los precios del petróleo y los crecientes problemas internos ejercieron también presión sobre el régimen del presidente de Azerbaiyán, Ilham Alíev. Con Estados Unidos concentrado en sus elecciones y Rusia distraída por las consecuencias de la COVID-19 en el país y la crisis en Bielorrusia en el extranjero, el final de septiembre se convirtió en la fecha perfecta para que Bakú y sus aliados de Ankara comenzaran una ofensiva para retomar Nagorno Karabaj.

Después de tres intentos de alto el fuego fallidos, el 10 de noviembre de 2020 Rusia sentó a las partes en conflicto, con la complicidad turca, y alcanzaron un acuerdo de paz. Azerbaiyán es el claro ganador de esta guerra. Ilham Alíev logró recuperar las regiones azeríes alrededor de Nagorno Karabaj que habían sido ocupadas por Armenia en 1994. Además, Bakú conquistaba una gran parte del propio Karabaj. Sin embargo, la recuperación total de Nagorno Karabaj tendría un alto precio en vidas, y el probable éxodo de la población armenia del territorio provocaría muchas críticas en Occidente. El resultado actual permite a Alíev mantener sus importantes logros militares, evitar las críticas y la atención de la comunidad internacional por haber reanudado la guerra.

Armenia es el perdedor y, dada la asimetría de capacidades militares entre Bakú y Ereván, es imposible imaginar un regreso al *statu quo* anterior a la guerra. Enfrentando un alto nivel de ira en casa por el resultado del conflicto, el gobierno de Nikol Pashinián está al borde del colapso.

Occidente también se puede colocar en la columna de los perdedores. Estados Unidos, Francia y otras potencias occidentales han estado notablemente ausentes del resultado del conflicto, y sus esfuerzos diplomáticos para lograr la paz, o al menos un alto el fuego, han fracasado miserablemente.

En cambio, Rusia también está en el lado de los ganadores. El Kremlin ha gestionado el acuerdo de paz, sin otros copresidentes del Grupo de Minsk de la Organización para la Seguridad y la Cooperación en Europa (Estados Unidos y Francia), que se instituyó para resolver el conflicto. Igualmente, ha reafirmado sus intereses y su papel de árbitro en la zona, a la vez que despliega a sus soldados como fuerza pacificadora entre los contendientes. Demos luz al detalle de que Armenia ha sido un aliado de Rusia desde 1994, pues fue miembro fundador de la Organización del Tratado de Seguridad Colectiva (CSTO), un intento de Rusia de establecer una estructura tipo OTAN de Estados exsoviéticos. Sin embargo, Rusia, con la excusa de que Azerbaiyán no atacaba suelo armenio, prefirió quedar neutral y dejar caer a Armenia.

Pero, sobre todo, hay que destacar que la victoria de Azerbaiyán en el campo de batalla contra Armenia y la recuperación de siete distritos ocupados que rodean Nagorno Karabaj y la parte sur de este enclave centrado en el importante centro cultural de Shusha (Sushi) no habría sido posible sin la ayuda diplomática y militar turca. Turquía se ocupó de entrenar a las fuerzas armadas de Azerbaiyán de acuerdo con los estándares de la OTAN y suministró drones, otras formas de tecnología militar y sus fuerzas de poder sirias que luchan a lo largo de la frontera turco-siria, copiando la actuación de las fuerzas rusas en Ucrania y Eurasia. Hablando en Bakú el 12 de noviembre de 2020, el ministro de Relaciones Exteriores de Turquía, Mevlüt Çavuşoğlu, dijo que su país continuaría brindando su apoyo a Bakú para cualquier acción adicional que decida tomar hacia Nagorno Karabaj.

De esta forma, Turquía da un paso más para consolidarse como una potencia militar emergente al margen de la OTAN y de Occidente, al tiempo que le arrebata protagonismo a Rusia en su patio trasero del Cáucaso. Recordemos que Erdogan ya ha intervenido en Siria, Yemen y Libia, y que está tratando de acaparar aguas territoriales en el Mediterráneo para extraer gas en esas aguas.

Además, Turquía es un centro regional vital para el gasoducto Trans-Anatolian, uno de los tres gasoductos en el Corredor de Gas del Sur que conecta el campo Shah Deniz II de Azerbaiyán con el mercado europeo. La alianza estratégica turco-azerbaiyana consolida al primero como un centro energético regional en gran medida independiente de Rusia, al tiempo que permite al segundo convertirse en un importante exportador de gas a Europa por primera vez.

Por otra parte, el 40% del petróleo que importa Israel es de Azerbaiyán. Lo que no explica el apoyo militar cerrado de Israel a la causa azerbaiyana. Pero sí lo explica que los israelíes quieran crear un contrapoder a Irán en la zona.

Entre tanto, Estados Unidos, dada la inacción en política exterior de Trump, está ausente. Y la Unión Europea se manifiesta como un castillo de papel incapaz de influir, ni de prever, las implicaciones futuras de estos escenarios. Puede que Armenia sea la primera pieza del dominó y que, tarde o temprano, mirar hacia otro lado por parte de Europa (y de centrarse en su malsana endogamia) pasará factura.

DESORIENTACIÓN DE LA UNIÓN EUROPEA FRENTE A RUSIA

La Unión Europea (UE) y los Veintisiete deberán afrontar las consecuencias políticas de la desafortunada visita a Moscú de Josep Borrell, Alto Representante de la UE para Asuntos Exteriores y Política de Seguridad. El bofetón-humillación-encerrona que el pasado día 5 de febrero sufrió el Alto Representante de la Unión Europea a manos del ministro de exteriores ruso, Serguéi Lavrov, no solamente se dirigía a un inexperto Josep Borrell, sino a los Veintisiete. Lavrov, como buen tiburón que es, olió sangre y se abalanzó sobre su presa, que no supo defenderse a sí mismo, ni tampoco, peor aún, a la Europa que representaba.

Este hecho manifiesta, por una parte, una clara señal de la actual falta de voluntad de Moscú para volver a encarrilar las relaciones con Bruselas hacia una senda menos crispada; y, por otra, una demostración más de la debilidad estratégica de un actor de la escena internacional tan imperfecto como la Unión.

El momento de la visita de Borrell a Moscú (a la que se oponían tanto Polonia como los países bálticos), la primera de un funcionario de la UE desde 2017, fue extraño, por no calificarlo con otras palabras. En las semanas previas a su llegada, el líder de la oposición rusa Alexéi Navalni (o Aleksei Navalny) había regresado a Rusia desde Alemania, donde se recuperó de un probable envenenamiento ordenado por el Kremlin. Navalni ni siquiera logró salir del aeropuerto antes de ser arrestado. Después de un proceso judicial oscuro, a Navalni se le condenó a tres años y medio de cárcel. Esto desató una ola de protestas y una fuerte represión por parte de las autoridades rusas.

Desde su toma de posesión como presidenta de la Comisión Europea, Úrsula von der Leyen ha querido dejar claro el carácter geopolítico de su equipo de comisarios. Y esto, tanto alineándose con la Estrategia Global de la UE aprobada en junio de 2016, que recoge la ambición de lograr la autonomía estratégica en un futuro indefinido, como con una voluntad de dejar de ser el campo de juego para pasar a ser un jugador capaz de emplear el lenguaje del poder.

Por ello, aunque la relación ideal sería una cooperación franca en una Europa unida desde el Atlántico hasta los Urales, buscar un reinicio con el Kremlin desde algo que no sea una posición de fuerza, actualmente, es una receta para el desastre. Borrell aprendió esto de la manera más difícil en la referida conferencia de prensa conjunta en Moscú, cuando el ministro de Relaciones Exteriores de Rusia, Serguéi Lavrov, calificó a la UE de "socio poco fiable" y acusó a sus líderes de mentir sobre el envenenamiento de Navalni.

Mientras Lavrov realizaba su actuación, claramente destinada a los espectadores rusos, Borrell, atónito, se quedó en silencio. Luego, para colmo de males, el Kremlin expulsó a tres diplomáticos europeos de Rusia por presuntamente asistir a manifestaciones en apoyo de Navalni, una decisión de la que Borrell no se había enterado. Obviamente, a su regreso a Bruselas, Borrell se enfrentó a fuertes críticas en el Parlamento Europeo.

Pero, anécdotas aparte, este fiasco es simplemente el síntoma de un problema mucho más profundo. O sea, la UE carece de una visión estratégica, especialmente hacia Rusia. Para Europa,

Rusia ha sido durante mucho tiempo como una muñeca matrioska: familiar y sorprendente, simple e intrincada, reconocible e inescrutable. O, como dijo Winston Churchill en 1939, Rusia es "un acertijo, envuelto en un misterio, dentro de un enigma". Pero, en su siguiente frase, menos recordada, Churchill identificó la clave para descifrarlo: el interés nacional ruso.

Nadie sabe esto mejor que el presidente ruso Vladimir Putin, quien ha construido su carrera política convenciendo a los rusos de que sus intereses están mejor servidos por su liderazgo. Putin ha durante mucho tiempo ha explicado la disolución de la Unión Soviética como parte de un complot occidental para socavar y marginar a Rusia, contando una historia de humillación que ignoró convenientemente los fracasos internos. Enfrentarse a Occidente y restaurar el estatus de Rusia como potencia mundial indispensable, según Putin, es esencial para corregir esta injusticia, y solo él puede hacer ese trabajo.

Este enfoque revanchista fue ejemplificado por la anexión de Crimea por Rusia en 2014, que Putin describió como un esfuerzo por corregir errores históricos y una respuesta razonable a la expansión de la OTAN hacia el este. Su índice de aprobación se disparó en veinte puntos porcentuales.

Además, Putin es muy consciente de la falta de una independencia estratégica de Europa. Si bien Estados Unidos al menos merece el respeto de ser tratado como el archienemigo del Kremlin, la UE ha sido objeto de una constante caricatura en los medios de comunicación rusos (fuertemente controlados por el poder), como reveló el trato que Lavrov dio a Borrell.

Hoy no cabe esperar que Rusia vaya a modificar el rumbo en sus relaciones con la UE. Y sin que sea posible determinar con precisión si fueron las sanciones impuestas por la UE lo que está acelerando su reorientación hacia Asia, o si ese plan ya estaba previamente en la mente de Vladimir Putin, el hecho es que la Unión ha dejado de ser una prioridad rusa. Putin es sobradamente consciente de que, aunque no deja de aumentar la crispación con los europeos en el campo político, es muy difícil que los países comunitarios (con Alemania en cabeza) se atrevan a romper unas relaciones económicas que, de hecho, siguen aumentando a pesar de las sanciones impuestas a Moscú desde 2014, con un superávit favorable a Rusia que en 2020 alcanzó los 54.500 millones de euros.

Bruselas no cuenta con el apoyo unánime de los Veintisiete para subir la apuesta y decidirse seriamente a usar el leguaje del poder. Algo que, desgraciadamente, ya ha quedado también de manifiesto en tantos otros casos como el de las relaciones con China, con Turquía, con Marruecos, y hasta con los Estados Unidos de Trump.

Por eso, agotada la vía alemana del *"Wandel durch Handel"* (cambio a través del comercio), las alternativas no hacen más que reducirse. Descartado el enfrentamiento frontal, en términos realistas, sólo queda aumentar las sanciones y marcar militarmente el territorio. Pero en ese punto vuelve a quedar claro que las sanciones no han funcionado (Rusia no solamente está logrando diversificar su capacidad productiva y acumular más reservas de oro en su Banco Central, sino que incluso su industria de defensa es ahora más capaz que hace una década) y, sobre todo, que no hay unión entre los Veintisiete (lo cual es sabido y explotado convenientemente por Putin). Es decir, Moscú puede aceptar un empeoramiento de las relaciones con los europeos, contando con que no necesita nada vital de manos de la UE, pero sabiendo que ésta va a seguir comprando su petróleo y su gas (el gasoducto Nord Stream 2 promovido por

Alemania es la prueba más palpable de ello).

Lo ocurrido puede ser la puntilla a la política exterior de la Unión, demostrando la incapacidad de los Veintisiete para superar sus resabios nacionalistas. Para evitar ser superada, Europa debe actuar en conjunto. Eso significa no hablar únicamente de labios hacia afuera sobre los objetivos estratégicos compartidos, sino también tomar medidas coordinadas para lograrlos.

Hoy en día, una vez más, Europa se tiene que refugiar detrás de las faldas de Washington. Quizás la desastrosa visita de Borrell a Moscú, junto con la promesa del presidente de Estados Unidos, Joe Biden, de que los días de "dar la vuelta ante las acciones agresivas de Rusia" han terminado, proporcionará el impulso que Europa necesita.

Sin embargo, los europeos, siendo *teóricamente* la primera economía del planeta y la segunda potencia militar, no son capaces de ponerse de acuerdo sobre una visión y, más aún, sobre una estrategia para frenar a Rusia. ¿Hay alguien que pueda cuestionar la necesidad de que Europa cuente finalmente con una autonomía estratégica real en todos los sentidos y en todos los campos? La supervivencia de la UE lo impone.

LA COVID-19 Y LA CONTINUIDAD DE EUROPA

Un virus ha puesto en entredicho el entramado de la política internacional y de nuestras sociedades. La tendencia de frases como el "America first" parece consolidarse actualmente sin límites de geografía o de ideología, y pocos apuestan por defender una visión internacional basada en la cooperación, el multilateralismo, las soluciones mutuamente ventajosas y la búsqueda de consensos.

Ya no nos ocupa lo que realmente importa, lo que nos une en cuanto Humanidad, para centrarnos en la sensación de miedo y sospecha entre comunidades y entre individuos.

Esta situación crítica hay que observarla fríamente y, como ya dijo Federica Mogherini, sacar las enseñanzas pertinentes para los europeos y para el resto de los humanos que pueblan el planeta.

Primeramente, pese a lo que se afirma por algunos, la comunidad a nivel global existe. Todo lo que sucede muy lejos de nuestras fronteras tiene un impacto en nuestra propia casa. Inevitablemente, estamos conectados. Como todo intento de pensar en las fronteras como líneas divisorias y de clasificar a las personas según su nacionalidad, etnia, género o creencia religiosa pierde significado y fracasa, ya que nuestros cuerpos pueden llegar a estar igualmente infectados por el virus.

En segundo lugar, el bienestar de mi vecino es de mi interés. Si mi vecino tiene un problema, el problema es mío también. En un mundo interconectado como el nuestro, el único modo eficaz de cuidarme es cuidar de los otros. Ciertamente, la solidaridad es el nuevo egoísmo.

La tercera consideración nos lleva a decir que se necesitan, con urgencia, soluciones globales coordinadas, y esto pasa por las organizaciones multilaterales internacionales. Pensar que a una crisis como ésta se puede dar una respuesta eficaz con medidas de nivel nacional es, sencillamente, inoperante.

Como cuarta idea, pensemos que la toma de decisiones políticas basadas en la ciencia es el único camino racional y útil. La evidencia científica es el único punto de referencia fiable que tenemos. Cualquier desviación respecto de la decisión basada en la evidencia científica, por motivos políticos o económicos cortoplacistas, es lisa y llanamente peligrosa.

En quinto lugar hay que enfatizar que la salud es un bien público. No es algo meramente privado. Es una cuestión de seguridad nacional (incluso internacional) y de prosperidad económica. Como tal, demanda un nivel adecuado y sostenido de inversión pública, y una idea colectiva de responsabilidad cuyo ejercicio es tarea de todos y cada uno de los ciudadanos.

Como sexto punto, hay que subrayar que la economía global necesita que las personas estén sanas. Invertir en salud pública y privada, ciencia e investigación es invertir en la prosperidad de las inversiones en todo el mundo. La producción, el consumo, el comercio y los servicios (la base del sistema económico) dependen de la salud y la seguridad de las personas.

La séptima idea radica en que el buen funcionamiento de las instituciones democráticas es literalmente cuestión vital. Y es que en tiempos de crisis, el funcionamiento, o la falta de funcionamiento, de los mecanismos de toma de decisiones es la prueba definitiva para saber si una democracia está sana. Si es un lastre que frena, o incluso impide, la implementación de medidas rápidas y específicas dará fuerza a los sistemas autoritarios, con todas las consecuencias negativas que eso tendrá para los derechos y las libertades. Hacer que las instituciones democráticas funcionen es invertir en salud, en seguridad y en nuestros derechos y libertades.

Finalmente: nada es más preciado y valioso que la vida. A veces lo olvidamos, especialmente cuando es nuestra propia vida la que está en juego.

Los europeos tienen nuevamente la sensación de desamparo por parte de las instituciones de la Unión Europea, como ya sucedió con la crisis migratoria de 2015. Básicamente, dichas instituciones, no saben transmitir lo que pueden hacer y lo que no pueden hacer (quizás porque se ven obligadas a entrar al juego que le marcan los medios de comunicación). La Unión Europea al no tener competencias en materia sanitaria es prácticamente imposible que pueda actuar. Sencillamente, no posee la capacidad de decidir ni tampoco de hacer. Es el problema de una construcción europea inacabada: ostenta el derecho de gestionar ciertos temas y otros no, porque los Estados miembros no quieren su tutela. Cuando no ostenta ese derecho de actuar tan sólo le queda la coordinación de acciones y de toma de decisiones de los Estados miembros, lo cual le salpica negativamente por querer quedar bien con todos sin tener capacidad para una acción seria.

Otra cuestión es las consecuencias económicas que inevitablemente van a surgir de esta pandemia de la COVID-19. En este punto, como sucedió con las crisis de 2008 y de 2010, la

Unión Europea sí puede actuar, y esperemos que esta vez haya aprendido de los errores anteriores.

La pandemia del coronavirus ha desencadenado una combinación negativa de oferta y demanda de intensidad sin precedentes. Ambas están teniendo un impacto significativo en la producción de bienes y servicios, y dado que los ingresos de todos, en última instancia, se derivan de la producción, también los ingresos de los hogares están disminuyendo rápidamente. Con muchas economías que ya están en una espiral descendente y se dirigen hacia la recesión, el peligro es que dicha recesión se convierta en una ruta que se perpetúe a sí misma y se profundice cada vez más.

Debido a que no tienen más remedio que apoyar a las empresas en quiebra, a los bancos ilíquidos y a los hogares en dificultades, los gobiernos nacionales podrían estar entrando en territorio peligroso. Cuanto más aumenta su deuda, mayor es el riesgo de que los tenedores de sus bonos entren en pánico, como vimos durante la crisis de deuda soberana de 2010. Y los países que experimentan el mayor aumento de la deuda como resultado de la "coronacrisis" (Italia, España y Francia) se encuentran entre las cuatro economías de mayor volumen de la eurozona, lo cual puede llevar nuevamente a un bucle de impredecibles consecuencias.

Para evitar el pánico del mercado de bonos el BCE debería estar dispuesto a comprar bonos de los gobiernos en dificultades. Durante la crisis de 2012, el BCE sentó las bases para tal respuesta con su programa de transacciones monetarias. La presidenta del BCE, Christine Lagarde, no estuvo a la altura cuando sugirió que el banco no acudiría al rescate de los Estados miembros endeudados, aunque rectificó posteriormente. Aun así, dado que su declaración inicial fue aplaudida por el presidente del Bundesbank, Jens Weidmann, sigue habiendo serias dudas sobre si el BCE ofrecerá apoyo directo a los Estados miembros endeudados.

De todas formas, el BCE ha prometido servir como prestamista de último recurso para los bancos europeos y ha reactivado su programa de flexibilización cuantitativa a través del cual comprará bonos gubernamentales adicionales en los mercados secundarios. Pero si bien esto proporcionará cierto alivio a los gobiernos nacionales, no será suficiente. El BCE debe ir un paso más allá y comprar bonos en los mercados primarios, emitiendo efectivamente dinero para financiar los déficits presupuestarios de los Estados miembros durante la crisis, independientemente de la cuestión de la inflación dada la gravedad del momento.

Como cuestión legal, el Tratado de Funcionamiento de la Unión Europea prohíbe al BCE participar en la financiación monetaria de los déficits presupuestarios nacionales. Pero los abogados del BCE seguramente podrían encontrar una forma de evitar esta restricción. Después de todo, el futuro de la eurozona depende de ello.

En definitiva, los europeos deben tener en cuenta que la casa común está en juego. No únicamente la continuidad del proyecto europeo, sino la pervivencia de los estándares de vida de las sociedades europeas en su conjunto.

EL EJE FRANCO-ALEMÁN EN LA POLÍTICA EXTERIOR EUROPEA

Ahora más que nunca Europa está llamada a expresarse con una sola voz en el mundo. Esto es perentorio, tanto para avanzar en el proyecto europeísta como para una supervivencia en un entorno internacional que ya ha dejado atrás los esquemas heredados del orden instaurado tras la Segunda Guerra Mundial.

Hasta no hace mucho, Alemania y Francia han sido conocidas como el eje gobernante en Europa, incluso en muchas ocasiones han sido su motor. Ambas han tenido como objetivo trabajar para unificar el continente. Pero, según se cuenta en Bruselas, los franceses quieren conducir el Euro-Porsche arrendado conjuntamente, mientras que los alemanes insisten en racionar el dinero de la gasolina. Sin embargo, en los últimos años, ante las crisis internacionales que afectan a la Unión Europea no están siguiendo la misma hoja de ruta. Lo cual se comprueba en las reacciones de sus cancillerías frente a asuntos recientes como Bielorrusia o Nagorno-Karabaj.

Tal hecho es obvio para los analistas políticos y no es sorprendente. Como dijo el que fuera Ministro Federal de Relaciones Exteriores alemán Sigmar Gabriel, Francia y Alemania "ven el mundo de manera diferente" y, por lo tanto, tienen "intereses distintos". Aunque la verdad es que la divergencia franco-alemana es casi tan antigua como la Unión Europea.

Esa división acosa siempre a los líderes franceses y alemanes, actualmente el presidente Emmanuel Macron y la canciller Angela Merkel, como lo hizo a sus imponentes predecesores, Charles de Gaulle y Konrad Adenauer, desde que los dos se dieron la mano a través del Rin hace 60 años. Pero, si bien, este gesto debía convertir a los otrora enemigos en amigos de confianza, los intereses particulares de cada Estado siempre se han mantenido.

Cuando dos líderes están tan estrechamente emparejados, la cuestión siempre es: ¿quién dirige y quién sigue? Digamos que el hiperactivo Macron quiere gobernar Europa (como, a decir verdad, todos sus predecesores en el Palacio del Elíseo), mientras que Merkel enfatiza las prioridades alemanas.

La divergencia actual también es una cuestión de personalidades. Temperamentalmente, Macron es lo opuesto a Merkel. Mientras que Macron anhela ser el centro de atención, Merkel, conocida en casa como "Mutti" (mamá), gusta de la continuidad y la precaución.

Pero centrándonos más en la cuestión, diremos que esto también se refleja en su política exterior. Desde que en 2017 ganó la presidencia, Macron ha coqueteado sucesivamente con los presidentes Donald Trump de Estados Unidos, Vladimir Putin de Rusia y Xi Jinping de China, para alejarse de ellos posteriormente con un gusto a desilusión. Pudiera ser que Francia, simplemente, no juega en su liga. Merkel, por el contrario, se ha mantenido a distancia de Trump, Putin y Xi.

Respecto a otros casos concretos, Macron también ha hecho referencia a la "muerte cerebral" de la OTAN, haciéndose eco de la descripción de Trump de la Alianza como "obsoleta". Pero un canciller alemán no se atrevería a criticar a la Alianza. La

OTAN ha garantizado la seguridad de Alemania durante 70 años sin grandes costes para los germanos.

Más preocupante parecen los desacuerdos franco-alemanes más recientes centrados en el Mediterráneo oriental, donde Grecia y Turquía, ambos miembros de la OTAN, amenazaron con llegar a las manos por la exploración de gas en aguas disputadas por los países circundantes. Macron se apresuró a ponerse del lado de Grecia, enviando buques de guerra y aviones mientras prometía armas. Incluso fue anfitrión de una cumbre en Córcega en la que participaron los líderes de otros seis Estados miembros mediterráneos de la UE para proporcionar un contrapeso contra Turquía. Pero Alemania no estaba allí.

Merkel, en cambio, se aferra a tópicos sobre una "relación de múltiples capas" con Turquía, que debe ser "cuidadosamente equilibrada". Los intereses alemanes son claros: el presidente turco, Recep Tayyip Erdogan, está protegiendo la frontera turco-siria contra una afluencia descontrolada de refugiados del Medio Oriente que se dirigirán a Alemania si se les da la mínima oportunidad. Por tanto, provocar al dirigente turco podría implicar que éste abriera el grifo de los refugiados a voluntad.

Luego está el nuevo estallido entre Armenia y Azerbaiyán por Nagorno-Karabaj. Macron, Putin y Trump (recordemos que Rusia, Estados Unidos y Francia son copresidentes del Grupo de Minsk de la OSCE que aspira a solucionar tal conflicto) han instado a los dos países a negociar de inmediato, mientras que Erdogan se ha puesto del lado de los azeríes musulmanes contra la Armenia cristiana. Alemania, sin embargo, está simplemente "alarmada", porque Merkel no puede permitirse el lujo de alienar a Erdogan.

Después de que gran parte de Beirut fuera arrasada por una explosión mortal en agosto de 2020, Macron se dirigió al Líbano y se comprometió a organizar una conferencia internacional de donantes sin coordinarse con Merkel. Francia, que controló el Levante después de la Primera Guerra Mundial, quiere mantener un pie en la puerta para no perder su influencia regional. Mas Alemania no tiene intereses estratégicos allí e instintivamente se aleja de todo lo que suene a escalada. Podemos apreciar que diferentes intereses, diferentes esquemas.

Alemania igualmente está adoptando un enfoque de no intervención con Libia, cuya guerra civil ha provocado la reacción de Rusia, Egipto, Arabia Saudita, Turquía y Francia. Algún analista afirma que en este tema lo mejor que puede hacer Alemania en Oriente Medio es organizar conversaciones de paz en Berlín, como es la costumbre germana.

Baste esta breve lista de las diferencias en la política exterior franco-alemana de los últimos meses. Pero confirma el patrón: a Francia le gusta intervenir, mientras que Alemania prefiere quedarse atrás. Merkel anunció recientemente que era la hora de Europa en un mundo agresivo. Pero si Francia y Alemania no se unen, ¿cómo podrían hacerlo los otros 25 miembros de la UE?

La cuestión de fondo, como siempre, es que es un problema estructural. Veintisiete no suman uno. Como ejemplo Bielorrusia. El presidente Alexander Lukashenko está decidido a acabar con el movimiento democrático, no obstante, cuando los 27 intentaron discutir las sanciones contra Bielorrusia, el pequeño Chipre se negó si el resto de los socios europeos no aceptaban penalizar a Turquía por explorar ilegalmente yacimientos de gas en el Mediterráneo.

Esto podría haberse anticipado. Chipre es prácticamente una colonia económica rusa y Lukashenko es "cliente" de Putin. Como bien se ha apuntado por los analistas, después de semanas de disputas, Chipre finalmente cedió y la UE sancionará ahora a 40 funcionarios bielorrusos, un castigo que no le da a Lukashenko motivos para hacer las maletas.

La UE es la segunda potencia económica del mundo, por delante de China, y sobre el papel tiene tantas tropas como Estados Unidos. Pero la riqueza por sí sola no constituye a la UE como un actor estratégico. Si lo hiciera, Suiza sería una gran potencia.

Por supuesto, ningún líder europeo dejará de apelar al destino común de Europa. Pero en el caso de la UE, unidad es a menudo lo opuesto a capacidad de actuar como un todo. Un bloque de 27 Estados, sujeto a un requisito de unanimidad en temas que los miembros consideran esenciales, nunca será un actor estratégico porque siempre se guiará por el mínimo común denominador que todos puedan aceptar.

En un mundo marcado por la rivalidad chino-estadounidense y la reafirmación nacionalista rusa, con retos tan vitales y de supervivencia como afrontar el cambio climático o posibles pandemias, una Europa integrada en su proceder es, a todas luces, más que apremiante. Pero incluso si Francia y Alemania actuaran al unísono, los demás no se alinearían porque temen la dominación del dúo. Hablemos claro, hasta que existan los Estados Unidos de Europa, los socios de la UE nunca dejarán cuestiones estratégicas al gobierno de la mayoría.

EL EURO COMO PILAR DE LA AUTONOMÍA ESTRATÉGICA DE EUROPA

Las propuestas de la Unión Europea (UE) para fortalecer su soberanía, tanto política como económica, y el papel internacional del euro están en la dirección correcta, si bien deben ir seguidas de una acción concertada de los Estados miembros para expandir la economía de la eurozona en su conjunto y su alcance comercial. Es decir, sin un mayor uso internacional del euro, la autonomía estratégica de la Unión será considerablemente limitada.

En Bruselas se es consciente de que un componente esencial de una Unión Europea geopolítica es una moneda más fuerte para competir con las muchas ventajas que el dólar brinda a Estados Unidos, y por ello ha presentado la mencionada batería de propuestas para fortalecer el papel del euro como engranaje de la autonomía estratégica de Europa. No obstante, es de notar que las propuestas de las instituciones europeas surgen en un contexto de rápidos cambios en el sistema internacional: el ascenso de China, el impacto que la presidencia de Trump ha dejado como herencia, la pandemia de la COVID-19, el Brexit y la decisión de la UE de introducir eurobonos.

Además, un motivo adicional para fortalecer el euro es la preocupación que las repercusiones de vincular el Tesoro de Estados Unidos al uso extensivo de sanciones extraterritoriales por parte de las presidencias estadounidenses (especialmente de la Administración Trump) ha tenido para los intereses europeos. Aunque la UE espera un mayor diálogo con Biden en la Casa

Blanca, nadie puede predecir quién lo sucederá después de cuatro años y si Estados Unidos continuará con las mismas políticas económicas y financieras, y unas sanciones que dañan dichos intereses de la UE.

En cualquier caso, las susodichas propuestas son una señal positiva de que la UE avanza hacia un enfoque más coherente de los asuntos exteriores. Pero, como la propia unión Europea reconoce, no existe una fórmula mágica y el cambio será gradual. Evidentemente, el dólar se usa tan ampliamente porque su uso está consolidado y totalmente admitido.

Destacable es el histórico acuerdo para introducir los eurobonos como elemento clave del programa de recuperación de la UE. Lo cual es una oportunidad para progresar y fomentar aún más la utilización del euro en los mercados mundiales. Un euro más fuerte, sin embargo, depende de un consenso sobre la profundización de la Unión Económica y Monetaria, en particular completando la unión bancaria y la unión de los mercados de capitales. En cualquier caso, hay que ser consciente de que existen tanto riesgos como oportunidades al evolucionar hacia un papel internacional más fuerte para la moneda europea.

Es importante hacer hincapié en la relación del euro con la política comercial. El dólar ha sido la principal moneda del mundo desde 1945, ofreciendo a Estados Unidos considerables ventajas en señoreaje (emisión de moneda), tipos de interés más bajos y la capacidad de utilizar su músculo financiero para fines políticos. Así, uno de los motivos para introducir el euro en 1999 fue proporcionar a la UE una moneda que pudiera aportar ventajas similares a la eurozona.

A pesar de los defectos de diseño iniciales y varios problemas importantes (la crisis financiera mundial de 2008, las disputas sobre el rescate griego o el fondo de recuperación COVID-19), el euro conserva la confianza de la mayoría de los europeos y se ha convertido en la segunda moneda mundial más utilizada. Según el Fondo Monetario Internacional (FMI), su participación en las reservas de divisas es de alrededor del 20%, en comparación con el 60% de Estados Unidos.

En cualquier caso, en términos de intercambio, la UE continúa utilizando el dólar más que el euro, incluso en el comercio intracomunitario. Al mismo tiempo, existe la sensación de que el euro no se corresponde adecuadamente con el estatus de la UE como el mayor bloque comercial y proveedor de ayuda, sea humanitaria o sea para el desarrollo, del mundo.

El vínculo entre el euro y la política comercial fue más visible cuando Washington echó por tierra el acuerdo nuclear con Irán. Este acuerdo constituyó una pieza significativa de la política exterior de la UE de los últimos años, y fue gravemente atacado cuando Estados Unidos amenazó con sanciones a las empresas europeas que deseaban seguir comerciando con Irán de conformidad con lo ya pactado en dicho acuerdo. Aunque la UE finalmente estableció un sistema de pagos alternativo, INSTEX, pocas empresas europeas deseaban utilizarlo para no dañar su acceso al mercado estadounidense.

Por abundar en lo dicho, recordemos que las sanciones de Trump también afectaron al sistema de mensajería de pagos SWIFT con sede en Bruselas, así como a las instituciones Euroclear y Clearstream para la liquidación de operaciones. Y, más a más, los bancos y empresas de la UE se vieron afectados igualmente por las sanciones de Estados Unidos a Cuba, Venezuela, Siria, China y Rusia.

Ante el escenario descrito, la Comisión Europea espera que el aumento del comercio en euros en lugar de dólares elimine el riesgo de cambio, permita un acceso más fiable a la financiación y reduzca los tipo de interés. Para fomentar esta vía se van a poner en marcha varias iniciativas para incrementar la participación de la deuda denominada en euros de entidades europeas y extranjeras. Otras propuestas abordan el deseo de la UE de ser más independiente de los mercados financieros del Reino Unido después del Brexit.

Un área clave será la facturación en los sectores de energía y de materias primas. Todos los contratos de petróleo y la mayoría de los productos básicos (por ejemplo, cereales, oleaginosas o azúcar) se negocian en dólares. Sin embargo, las cifras de la Comisión Europea sugieren que más del 60% de los contratos de gas natural se negocian ahora en euros, y la estrategia de Bruselas apunta al hidrógeno como un nuevo mercado en el que debería desarrollarse el papel del euro.

No obstante, la UE espera que sea el enorme Fondo Europeo de Recuperación Next Generation EU de 750.000 millones de euros el que lleve a una mayor implicación de los inversores internacionales con la moneda europea, impulsando la liquidez del mercado y el atractivo del euro. También reina la confianza en difundir el uso de bonos verdes, en los que la UE ha sido pionera con éxito en los últimos meses.

En contrapartida, hay que ser conscientes de que aunque la UE tiene razón al trazar un rumbo para fortalecer la soberanía económica, se enfrenta a muchos obstáculos. En primer lugar, los mercados financieros estadounidenses superan en gran medida a los de la UE, mientras que los centros financieros más grandes del mundo (es decir, Nueva York, Londres y Hong Kong) permanecen fuera de la UE y comercian con activos denominados en dólares. En segundo lugar, existe la percepción, en parte debido a la degradación de la deuda pública de algunas economías de la eurozona del sur de Europa, de que el euro es menos estable que el dólar. En tercer lugar, el euro solo se convertirá en una moneda mundial real cuando haya vehículos de inversión que puedan negociarse (como los bonos del Tesoro de Estados Unidos). El Fondo Europeo de Recuperación todavía no es eso, y hay una fuerte oposición en algunos Estados miembros para permitir que se creen tales instrumentos. En otro plano, no se han diseñado todavía propuestas para fortalecer la representación internacional de la eurozona.

Del mismo modo, se debe considerar el impacto en el Banco Central Europeo (BCE). Al igual que la Reserva Federal de Estados Unidos, el BCE tendría que adoptar una visión más amplia de sus competencias y asumir la responsabilidad del impacto de sus decisiones en el resto del mundo (por ejemplo, sobre las líneas swap o sobre el impacto de la política monetaria en los costes de endeudamiento de los mercados emergentes). Desde luego, en esta materia por parte de Europa sería necesaria una gestión activa, flexible e imaginativa, y una diplomacia monetaria y financiera.

Por otra parte, la preocupación que se escucha a menudo en los círculos empresariales alemanes es cómo un euro más fuerte afectaría las perspectivas comerciales de la UE. Mencionemos que algunos economistas estadounidenses sostienen que el papel internacional del dólar es una carga para la economía de su nación ya que los grandes flujos de capital fortalecen el valor del dólar y lastran sus exportaciones.

Respecto a China, la estrategia de la UE apenas menciona a este país, aunque, según el FMI, su participación en el PIB mundial se acerca al 20% y se espera que supere a la economía estadounidense en 2028. China igualmente busca reducir su dependencia del dólar comerciando con sus vecinos en su propia moneda, el renminbi, la cual desea desarrollar como moneda internacional. En este sentido, Bruselas debe pensar que pese a que estos planes se han estancado, el tamaño de la economía china y la apertura de sus mercados a los inversores extranjeros afectarán los mercados financieros mundiales.

Por resumir, no hay autonomía estratégica sin un euro más fuerte. Sin un mayor uso internacional del euro, la autonomía estratégica de la Unión será considerablemente limitada. Como hemos apuntado al principio, las propuestas de la Unión Europea para fortalecer la soberanía económica de la UE son oportunas y deben ir seguidas de una acción concertada en la que participen todos los Estados miembros. Europa tendrá que plantearse que es posible que la hegemonía del dólar no dure para siempre, y el rápido desarrollo de alternativas digitales al dinero en efectivo podría cambiar las reglas del juego.

La mejor manera de incrementar la influencia del euro es continuar expandiendo la economía de la eurozona y su alcance comercial. Salvadas las distancias, toda guerra, en el fondo, es una guerra económica, y la autonomía estratégica de Europa depende de su potencial económico y financiero. En última instancia, el papel del euro lo decidirán los mercados y dependerá de un historial constante de estabilidad junto con la voluntad de los Estados miembros de la UE de profundizar una mayor integración política y económica.

EL MUNDO Y EUROPA MÁS ALLÁ DE UNA PANDEMIA

La crisis sanitaria a nivel mundial provocada por la COVID-19 y las catastróficas consecuencias económicas que acarrea tal hecatombe amenazan con la descomposición del statu quo internacional imperante tras la Segunda Guerra Mundial.

Dejando al margen la responsabilidad sobre el origen, y la negligencia en la gestión de la pandemia, podemos evidenciar que Estados Unidos, como viene haciendo en todos los órdenes, ha declinado el liderazgo para vencer a esta plaga y será afectado seriamente en su aparato productivo. Lo cual dará un empujón para que, no a corto plazo, China, su rival en la carrera para ser la mayor superpotencia, acorte distancias. No habrá un cambio sustancial en el ranking de los pesos pesados en la lucha económica y militar por la supremacía del planeta, pero posiblemente se aceleren ciertos acontecimientos que se vienen manifestando. Por otra parte, China también puede afrontar las consecuencias de la reacción del concierto de las naciones, especialmente de los norteamericanos, por su actuación en esta debacle humanitaria.

Es más, en general, existe el riesgo de que esta crisis, en vez de posicionar el mundo en una trayectoria significativamente diferente, intensifique y afiance las tendencias ya en marcha en el actual panorama internacional.

Desde otro punto de vista, la pandemia ha puesto de relieve las características dominantes de la política de cada país. Así, a algunos el desastre de la COVID-19 les reafirma en su propia cosmovisión. De tal guisa que podrán percibir signos incipientes del futuro orden económico y político que tanto han deseado. Es decir, aquellos que desean una economía estatalizada argumentarán que la crisis justifica su creencia. Y aquellos otros que sean escépticos con la actuación del Estado y denuncien su incompetencia, también verán confirmadas sus opiniones. Quienes deseen una mayor gobernanza global alegarán que un régimen internacional de salud pública más fuerte podría haber reducido el coste de la pandemia. Y quienes buscan un Estado nación más fuerte señalarán las muchas formas en que la OMS ha manejado inadecuadamente su respuesta (por ejemplo, la actuación de su director general tomando las afirmaciones oficiales de China por buenas y dándole cobertura al gigante asiático, u oponiéndose a las prohibiciones de viaje y argumentando en contra de las mascarillas).

En resumen, desde el punto de vista sociológico, la COVID-19 no puede alterar, y menos revertir, las tendencias en circulación con anterioridad a la crisis. El neoliberalismo continuará su muerte lenta. Los autócratas populistas se volverán aún más autoritarios. La globalización permanecerá a la defensiva a medida que los Estados reclaman más espacio político. Estados Unidos y China continuarán su inevitable camino hacia la colisión. Y la batalla dentro de los Estados nación entre oligarcas, populistas autoritarios e internacionalistas liberales se intensificará, mientras que la izquierda luchará por diseñar un programa para tener cautivos a la mayoría de los votantes.

En cuanto al aspecto económico, la crisis financiera mundial de 2008 se aprecia menos agresiva que la catástrofe económica inducida por este virus. El colapso a corto plazo en la producción mundial que ya está en marcha parece superior al de cualquier recesión en los últimos 150 años.

Si nos centramos en la Unión Europea (especialmente la eurozona), constatamos que se acerca a su segundo momento decisivo en una década. La primera fue la crisis de la deuda de 2010, sofocada por la promesa del presidente del Banco Central Europeo Mario Draghi de que el BCE estaba listo para hacer "lo que sea necesario" para preservar el euro.

Posteriormente, como sabemos, la UE estableció una unión bancaria con el BCE asumiendo el papel de supervisor bancario y un mecanismo de resolución común para rescatar las instituciones financieras en quiebra. Pero como la unión bancaria aún está incompleta, porque el respaldo del mecanismo de resolución es insuficiente para una crisis importante, y no existe un esquema común de seguro de depósitos, este sistema se ha quedado corto en las actuales circunstancias. Sin embargo, pese a las dudas iniciales y al inefable mantra de críticas, el entramado de Bruselas ha sabido responder y apoyar a los Estado miembros en su lucha contra el coronavirus con un muy amplio y variado paquete de ayudas de todo tipo que en su conjunto representan la importantísima cifra de 3.390.000.000.000 de euros.

En el saldo negativo, desafortunadamente, la Unión Europea vuelve a estar dividida, una vez más, entre los Estados miembros del norte fiscalmente fuertes, liderados por Alemania y Países Bajos, que tienen una relación deuda/PIB de alrededor del 60%, y países fiscalmente débiles en los que esta relación es cercana o superior al 100%. Este último bloque, liderado por Francia, Italia y España, han propuesto "coronabonos" mutualizados para ayudar a mitigar el impacto económico de la pandemia. (Portugal, Irlanda, Luxemburgo, Eslovenia, Bélgica y Grecia también apoyan la idea).

Y aquí resurgen los puntos de vista irreconciliables ya manifestados en la crisis de 2010. Los Estados miembros fiscalmente fuertes, por temor al riesgo moral (que corresponde a un comportamiento oportunista en el cual una de las partes busca su propio beneficio ya que la otra no puede observar o estar informada de su conducta) y de contagio, se oponen a la mutualización de la deuda. Si bien un choque macroeconómico simétrico como el que experimenta actualmente la eurozona debilita el argumento del riesgo moral, el temor de los países del norte no carece tampoco de base. Después de todo, la mayoría de los países que apoyan los coronabonos no han logrado (quizás no han querido) poner en orden su casa fiscal desde que terminó la crisis de la deuda del euro.

Además, más allá de la aprensión innata de los Estados más intransigentes y de las demagogias caseras, existen varios problemas prácticos con los coronabonos, entre ellos la necesidad de garantías o transferencias directas de los presupuestos nacionales, debido a la ausencia de ingresos europeos para respaldar dichos instrumentos. Es por ello, por lo que Alemania insiste en que primero se utilicen los fondos de rescate de la UE establecidos, como el Mecanismo Europeo de Estabilidad (MEDE).

Pero, desde el otro lado de la balanza, respecto a la emisión de un instrumento no coyuntural como serían los eurobonos, debemos afirmar que los ahorradores holandeses y alemanes tienen que darse cuenta de que sus ahorros se hacen más "pequeños" si los endeudados italianos, griegos y españoles no estuvieran, con ellos, dentro del sistema del euro: el déficit de los países meridionales mantiene un tipo de cambio del euro bajo, por lo que Alemania y Países Bajos pueden mantener sus niveles de exportación. De modo que las razones para emitir eurobonos no tienen nada que ver con la solidaridad. Al transferir endeudamiento de los países deficitarios a una Unión fuerte y, en el proceso, reducir la deuda total de la eurozona (ya que la mejor calificación crediticia de la UE permite obtener tarifas a largo plazo más bajas), los eurobonos mantendrían a un país como Italia dentro del sistema del euro, y evitarán así que los ahorros holandeses y alemanes se evaporen.

Nadie expresó esto mismo tan bien como el propio Adam Smith en 1776: «No es la benevolencia del carnicero, el cervecero, o el panadero lo que nos procura nuestra cena, sino el cuidado que nos ponen en su propio beneficio».

Todas las medidas activadas dentro de la Unión Europea (incluido un fondo europeo de reconstrucción) deberían ser jalones que continúen un verdadero proyecto de integración en todos los sentidos. Lo cual conduciría también a la figura de un Tesoro Europeo con capacidad para, entonces sí, emitir eurobonos, y de esta forma dar la capacidad a los europeos de solventar situaciones de emergencia como la generada por el coronavirus.

Una vez más, la eurozona ha respondido con más integración solo cuando está al borde del desastre. Esperemos que ahora tengamos suerte y que no se materialice ningún accidente que ponga en tela de juicio el futuro del euro mientras Europa atraviesa uno de sus peores momentos.

La crisis provocada por el coronavirus es histórica y realmente grave en todos los sentidos, pero, como todas, pasará. Entre tanto, Estados Unidos, reaccionará reforzando sus estrategias para evitar deslizarse hacia un declive que aguarda a todos los imperios, y China quizás tenga que pagar una factura por su conexión con la pandemia de la COVID-19 que le impida rentabilizar su ascenso en el momento en el que sus rivales están débiles. Y en cuanto a la globalización, puede ser que con matices nuevos, continuará existiendo porque está unida al avance tecnológico y a la evolución de la Humanidad.

En cuanto a Europa, la alternativa es, como siempre, o una Unión Europea que quede a caballo entre lo intergubernamental y lo supranacional, o una Unión Europea que avance en el proyecto de integración. Pero, en el largo plazo, una casa a medio hacer apenas da cobijo y se acaba hundiendo.

ESCENARIOS MUNDIALES POSPANDEMIA

Si hay algo que la pandemia de la COVID-19 está poniendo de relieve es que toda previsión puede quedar en papel mojado y que los escenarios a futuro se modifican constantemente. Así pues, no hay un futuro único hasta que sucede, y cualquier esfuerzo por imaginar la geopolítica a raíz de la pandemia de la COVID-19 debe incluir una gama de predicciones posibles. De todas formas, sin ser exhaustivos y con pinceladas gruesas, sí que es viable dibujar cinco entornos plausibles para 2030.

1º.- El fin del orden liberal globalizado. El orden mundial establecido por Estados Unidos después de la Segunda Guerra Mundial creó un marco de instituciones que condujo a una notable liberalización del comercio y las finanzas internacionales. Incluso antes de la pandemia de la COVID-19 este orden estaba siendo desafiado por el ascenso de China y el crecimiento del populismo en las democracias occidentales. Paradójicamente, China se benefició de tal orden, pero a medida que crece su peso estratégico insiste cada vez más en establecer nuevos estándares y reglas.

Por ahora, Estado Unidos todavía resiste, las instituciones que han regido el mundo en los últimos decenios se atrofian y los llamamientos a la soberanía aumentan. Hoy por hoy, como muestra de los tiempos que corren reseñaremos que Estados Unidos permanece fuera de la Organización Mundial de la Salud y del acuerdo climático de París.

Para potenciar lo dicho, la COVID-19 contribuye a la probabilidad de este escenario al debilitar al administrador del sistema, es decir Estados Unidos. Y aunque el inquilino de la Casa Blanca cambie, hay tendencias que son difíciles de mutar. En este punto a Europa no le queda otra que apostar por el multilateralismo.

2º.- Un desafío autoritario al estilo de los años treinta. El desempleo masivo, el aumento de la desigualdad y la alteración del entorno social debido a los cambios económicos relacionados con la pandemia crean condiciones favorables para la política autoritaria.

No faltan políticos dispuestos a utilizar el populismo nacionalista para ganar poder. Aumenta la búsqueda de la pretendida autarquía y el proteccionismo por parte de ciertos irredentos. Los Estados autoritarios reclaman consolidar las esferas regionales de interés y diversos tipos de intervenciones aumentan el riesgo de conflictos violentos.

Algunas de estas tendencias eran visibles antes de 2020, pero las débiles perspectivas de recuperación económica, consecuencia del fracaso para hacer frente a la pandemia de la COVID-19 aumentan la probabilidad de este escenario. En tal contexto la Unión Europea tendrá que seguir siendo el puerto seguro del Estado de derecho, y deberá permanecer vigilante para que las tendencias en contra del mismo no aniden en su propia casa.

3º.- Un orden mundial dominado por China. A medida que China ha vencido a la pandemia, la distancia económica entre ella y otras potencias importantes se incrementa drásticamente.

Como es patente, la economía de China comienza a superar a la de Estados Unidos. Además, los chinos amplían su ventaja sobre posibles competidores como India y Brasil. Respecto a su matrimonio diplomático de conveniencia con Rusia, China se está convirtiendo cada vez más en el socio principal.

No es sorprendente que el gigante asiático exija respeto y reverencia de acuerdo con su creciente poder. La Nueva Ruta de la Seda, como sabemos, es la iniciativa china consistente en el establecimiento de dos rutas combinadas, una de infraestructuras terrestres y otra marítima, que mejorarán las conexiones chinas tanto en el continente asiático como hacia el exterior, darán a China más influencia económica y política a nivel mundial Este mecanismo es utilizado por los nuevos aspirantes a líderes del mundo para influir no sólo en los vecinos, sino también en socios tan distantes como Europa, América Latina y África.

Traigamos aquí también a colación la sorpresa de los europeos cuando se vieron desplazados por China en ciertas zonas de influencia de África por la agilidad china para pactar con los gobiernos africanos la construcción de infraestructuras y la compra de materias primas africanas. Zonas de influencia que los europeos habían regado con abundante ayuda al desarrollo a través de sus convenios con los países ACP.

Y es que los votos contra China en las instituciones internacionales se vuelven demasiado costosos, ya que ponen en peligro la ayuda o la inversión china, así como el acceso al mercado más grande del mundo. Dado que últimamente las economías occidentales se han debilitado en relación con el país asiático a causa de la pandemia, el gobierno de China y sus principales empresas pueden remodelar las instituciones internacionales y establecer estándares a su gusto.

4º.- Una agenda internacional verde. No todos los futuros son negativos. La opinión pública en muchas democracias está comenzando a dar mayor prioridad al cambio climático y la conservación del medio ambiente. Así, gobiernos y empresas importantes se están reorganizando para abordar estos problemas. Incluso antes de la COVID-19 se podría prever una agenda internacional para la próxima década definida por el enfoque de los países hacia los temas ecológicos. Al evidenciarse los vínculos entre la salud humana y la planetaria, la pandemia acelerará la adopción de esta agenda.

Así como el Plan Marshall de 1948 fue en el interés propio de Estados Unidos, y al mismo tiempo en el interés de los demás sujetos de la comunidad internacional (con un efecto profundo en la configuración de la geopolítica de la década siguiente y el reforzamiento del poder blando de Estados Unidos), una agenda verde se está convirtiendo en una buena política interna, con un efecto geopolítico igualmente significativo. En este punto, Europa quiere liderar la acción contra el cambio climático, tanto por convicción como por interés económico.

5º.- El entorno internacional se mantendrá con ciertos cambios. En principio, las líneas maestras que dibujan el mundo actual persistirán. Junto al populismo interno y la polarización en Occidente, los regímenes autoritarios *in crescendo* y el aumento del poder chino, se mantendrá un grado de globalización económica (quizás con mutaciones) y una progresiva conciencia de la importancia de la globalización ambiental, con el reconocimiento, aunque sea a regañadientes, de que ningún país puede resolver tal situación actuando en solitario.

Estados Unidos y China deberán cooperar en próximas y anunciadas pandemias, lo mismo que en la lucha contra el cambio climático, a pesar de que rivalizarán en otros temas, como en el de las restricciones a la navegación en el Mar del Sur o en de la China Oriental. Veremos que algunas instituciones internacionales se marchitarán, otras se reflotarán y alguna nueva surgirá. Con todo, Estados Unidos continuará siendo todavía la potencia dominante, si bien con un grado de influencia disminuido. En este entorno Europa deberá redefinir su papel de una manera independiente.

Las posibilidades de que las tendencias anteriores cuajen con más o menos fuerza tiene un grado de probabilidad variable en función del desarrollo de múltiples acontecimientos. Así, por ejemplo, la pandemia actual de la COVID-19, a corto plazo, remodelará la geopolítica para 2030.

Del mismo modo, en función de quien sea el presidente estadounidense las alianzas occidentales se debilitarán o no, y también las instituciones internacionales. Por otro lado, si la Unión Europea logra compartir los costes de la respuesta de los Estados miembro a acontecimientos como la pandemia, a la vez que encuentra un camino para convertirse en actor internacional autónomo, podría cristalizar como un referente mundial, capaz, entre otras cosas, de aumentar la probabilidad del escenario verde.

ESTRATEGIA EN EL INDO-PACÍFICO

El QUAD (Diálogo Cuadrilateral de Seguridad), creado en 2007, es una alianza o coalición estratégica flexible de las cuatro principales democracias de la región del Indo-Pacífico (Australia, Japón India y Estados Unidos) para hacer frente a lo que consideran como una política exterior de China de carácter agresivo. Tras una reunión de sus principales funcionarios de política exterior en Tokio, los cuatro países están trabajando activamente para establecer una nueva estructura de seguridad multilateral para la región.

Se decía que la idea no era crear una versión asiática de la OTAN, sino más bien desarrollar una estrecha asociación de seguridad fundada en valores e intereses compartidos, incluido el Estado de derecho, la libertad de navegación, el respeto por la integridad territorial y la soberanía, la resolución pacífica de disputas, los mercados libres y la libertad del comercio. Por su expansionismo China representa un desafío creciente a todos estos principios enumerados. Y, por ello, Estados Unidos parece más inclinado a que esta asociación se asemeje a una OTAN del Pacífico.

Por supuesto, el enfoque del QUAD también se extiende más allá de China, con el objetivo de garantizar un equilibrio estable de poder dentro de un "Indo-Pacífico libre y abierto". Ese concepto fue articulado por primera vez en 2016 por el entonces primer ministro japonés Shinzo Abe, y rápidamente se convirtió en el eje de la estrategia regional de Estados Unidos.

Si bien todos los socios del QUAD están de acuerdo en la necesidad de un Indo-Pacífico libre y abierto, es el cambio de escenario que China quiere imponer en el área lo que ha catalizado sus acciones recientes en la dirección de una mayor firmeza frente a las imposiciones chinas. En este contexto, China está obligando incluso a potencias distantes como el Reino Unido, Francia y Alemania a desear un Indo-Pacífico basado en reglas como algo fundamental para la paz y la seguridad internacionales.

De hecho, la Unión Europea está llamada a jugar un papel en la zona. El 1 de diciembre de 2020, la UE y los diez miembros de la Asociación de Naciones del Sudeste Asiático (ASEAN) acordaron mejorar sus vínculos hacia una asociación estratégica. En Bruselas y otras capitales de la UE la creciente influencia económica y geopolítica de la ASEAN se pierde con demasiada frecuencia en medio del ruido y el clamor de las disputas de Europa con China. En Asia, las relaciones UE-ASEAN son una historia no contada, eclipsada por la creciente rivalidad entre Estados Unidos y China.

Así, Francia, por ejemplo, nombró un embajador para el Indo-Pacífico, después de presentar una nueva estrategia que afirma la importancia de la región en cualquier orden global multipolar, estable y basado en la ley. Por su parte, Alemania ha buscado desarrollar una estrategia Indo-Pacífico para la Unión Europea. En sus propias directrices de política publicadas recientemente, pide medidas para garantizar en el Indo-Pacífico que las reglas prevalezcan sobre acciones justificadas con la directriz "el poder hace el derecho". En este mismo sentido se ha manifestado el Reino Unido, que va a incrementar su presencia y colaboración con los países de la ASEAN.

Estas circunstancias hacen prever que en los próximos años los miembros de QUAD trabajarán cada vez más con socios europeos para establecer una constelación estratégica de democracias capaces de proporcionar estabilidad y equilibrio de poder en el Indo-Pacífico.

El futuro del QUAD, sin embargo, depende de la India, porque las otras tres potencias del grupo ya están vinculadas por alianzas de seguridad bilaterales y trilaterales entre ellas. Australia y Japón se ubican ambos bajo el paraguas de seguridad (y nuclear) de Estados Unidos, mientras que India comparte una gran frontera terrestre con China y debe hacer frente a la agresión territorial china. El acaparamiento sigiloso de tierras por parte de China en las fronteras más septentrionales de Ladakh a principios de 2020 llevó a un importante enfrentamiento militar, lo cual aumenta los riesgos de más batallas localizadas o de otra guerra al estilo de la de 1962.

La autorización del presidente chino Xi Jinping a las incursiones del Ejército Popular de Liberación en el Himalaya ha obligado a la propia India a adoptar una posición más proclive a integrarse en un grupo QUAD que de facto desempeñe el papel central de un nuevo acuerdo de seguridad multilateral para la región.

Esta nueva arquitectura tendrá poca semejanza con el sistema generado durante la Guerra Fría basada en un marco patrón-cliente con Estados Unidos. Ningún acuerdo de este tipo funcionaría hoy en día, dado que un país como la India no puede convertirse en un Japón más para los Estados Unidos.

En este sentido, la India está interesada en ampliar la participación del QUAD a Rusia porque los estrategas indios temen que una Rusia que se quede fuera del Indo-Pacífico tenga mayores incentivos para acercarse a China. No obstante, tal ampliación, *a priori* parece algo difícil de cuajar.

En cualquier caso, el QUAD tras una trayectoria indecisa en sus comienzos está llamado a desempeñar un papel cada vez más relevante en el área del Indo-Pacífico. Y en este nuevo escenario, de forma voluntaria o involuntaria, también entrarán a jugar países de fuera de la región, como el Reino Unido y la Unión Europea, por sí misma o a través de sus Estados miembros más significativos.

EUROPA ES LA OPCIÓN

Cuentan que, en la última época soviética, un joven gritó en medio de la Plaza Roja que el decrépito líder Leonid Brezhnev era un idiota. Por ello fue condenado a veinticinco años y seis meses de prisión: seis meses por insultar al presidente del Presídium del Sóviet Supremo y veinticinco años por revelar secretos de Estado.

Actualmente, la furibunda reacción de la Administración Trump contra el libro de memorias del exasesor de Seguridad Nacional John Bolton, titulado "La habitación donde sucedió: memorias de la Casa Blanca", responde a una pauta similar. El libro es considerado peligroso por dicha Administración, no tanto por insultar a Donald Trump, como por revelar la profunda incompetencia del presidente y lo "asombrosamente desinformado" que está.

Sin embargo, para la generalidad del planeta, hoy por hoy, es obvio que Estados Unidos carece de orientación estratégica y que ha renunciado a liderar el mundo. Occidente, y Europa muy particularmente, han aprendido la dura lección de que ya no cuentan con Estados Unidos como el aliado incondicional que antaño fue.

Para colmo de males, la pandemia del coronavirus está transitando hacia su segunda fase, y al riesgo de nuevos contagios hay que añadir las consecuencias económicas y sociales que arrastra. La economía mundial ha entrado en una recesión profunda, y la recuperación no será rápida ni fácil. A la vez, el escenario geopolítico internacional se enrarece, y este caldo de cultivo acentúa la creciente rivalidad chino-estadounidense, con todo lo que implica para el resto de los países a diferentes niveles.

Como si el efecto desestabilizador de esta triple conmoción sanitaria, socioeconómica y geopolítica no fuera suficiente, el factor Trump incrementa la volatilidad del statu quo mundial, y las elecciones a la presidencia de Estados Unidos no aportan un mejor horizonte. En vista del agravamiento de las crisis globales descritas, no es exagerado decir que nos aproximamos a una nueva encrucijada histórica.

Incluso sin suponer lo peor, la triple crisis es el heraldo de una nueva era que demandará la reconstrucción de los sistemas políticos y económicos nacionales, y también de las instituciones multilaterales. No es posible un regreso al estado de cosas anterior.

Seamos claros, la pandemia ha generado una inestabilidad tan profunda que vamos camino de una redistribución del poder y de la riqueza a nivel global. El pasado quedó atrás, y lo único que importa ahora es el futuro.

Las sociedades que se han preparado reuniendo la energía, el conocimiento y las inversiones que se necesitan saldrán victoriosas, las que no consigan ver lo que viene se encontrarán entre las perdedoras. No olvidemos que mucho antes de la pandemia, el mundo ya estaba en una transición hacia la era digital con amplias implicaciones para el valor de las tecnologías e industrias tradicionales, y con secuelas para el mencionado reparto mundial del poder y de la riqueza.

Además, se atisba en el horizonte una crisis global aún mayor. Las consecuencias del cambio climático descontrolado serán mucho peores que cualquier acontecimiento que hayamos visto, y para este problema no habrá vacuna que valga.

La pandemia de la covid-19 es un punto de inflexión real. Los expertos auguran, y no sin razón, que el sistema que nos sostiene está cerca de llegar al límite, y un cambio radical es inevitable.

Sin embargo, para Europa, que parece haber quedado muy rezagada en términos económicos y geopolíticos, este momento representa una oportunidad inesperada de resolver sus dudas existenciales. Europa tiene los valores socio-políticos (democracia, Estado de derecho y aspiración a la igualdad social), el conocimiento técnico y el poder de inversión necesarios para llevar a término una acción decisiva que la posicione en cabeza afianzando sus principios y objetivos, a la par que los de la Humanidad. Pero, ¿hemos aprendido la lección?

EUROPA FRENTE A LA DESGLOBALIZACIÓN

Por una parte, la crisis de la COVID-19 está obligando a los actores internacionales a replantearse la interdependencia entre países, lo cual ya figuraba en la agenda de muchos de ellos. Por otra, tras haber sufrido dos grandes sacudidas en los últimos diez años, el extremadamente interconectado entramado de la economía global está padeciendo una tercera crisis por culpa de la pandemia del coronavirus. Y como consecuencia, la globalización está soportando las secuelas de tres golpes fallidos, con lo que bien podría producirse una desvinculación del comercio y la inversión entre países, agudizando los problemas que ya arrastraba la economía mundial.

Frente a esta tesitura, los Estados miembros de la Unión Europea tienen actualmente la ocasión de replantearse su noción de soberanía, no sólo en términos político y militar, sino también económico. El desafío consiste en descifrar de qué manera la propia integración europea podría servir como un mecanismo de resguardo de la soberanía nacional, en lugar de suponer un peligro para ella.

Desde otro punto de vista, los gobiernos europeos tienen que poder proteger a sus ciudadanos de las amenazas planteadas por la interdependencia, ya sean de naturaleza ambiental, cibernética, contagiosa, migratoria o financiera. Y esa respuesta tendría que estar bajo el paraguas de la Unión Europea.

Respecto a este tema es interesante recordar las encrucijadas a las que actualmente se ve abocada la Unión Europea, y que ineludiblemente deberá abordar después de la pandemia. En concreto, el reto para la naif Europa ahora es posicionarse en un escenario donde el poder es más importante que las reglas y que el consumidor. Así, la Unión Europea debe resolver tres incógnitas: 1) ¿se debe reorientar su política de competencia?; 2) ¿cómo combinar objetivos económicos y de seguridad?; y 3) ¿cómo evitar convertirse en un rehén económico de las prioridades de la política exterior de Estados Unidos o de China?

En cualquier caso, esta cosmovisión, globalización o desglobalización, va a estar sobre el tapete del futuro de la Unión Europea. Pero hay que tener muy presente que la transnacionalidad y la libre circulación de mercancías, trabajadores, servicios y capitales están en la base del mercado único europeo; y, a su vez, este entramado es el suelo sobre el que se eleva el proyecto político de una Europa unida. Con lo cual, la globalización está, en cierto modo, vinculada al proceso de integración de Europa.

Por ello, hay quien ha sugerido que los defensores de la globalización deberían adoptar una estrategia pragmática que se centre en dos pasos. Primero, gestionar un proceso ordenado y gradual de desglobalización parcial que evitará una caída en alteraciones significativas del statu quo que. Segundo, poner en marcha un proceso de globalización más inclusivo y sostenible.

Lo que parece cierto es que en los tiempos venideros muchas empresas europeas buscarán un equilibrio entre eficiencia y lo que actualmente se da en llamar "resiliencia", en tanto vayan saliendo de la dañina sacudida de la pandemia. El romance de varias décadas del mundo empresarial con las cadenas de suministro globales eficientes y la gestión del just in time se trocará por una estrategia más localizada que implique repatriar ciertas actividades de producción. Por lo menos en unos primeros momentos. Aunque será necesario comprobar si esta tendencia perdura en el tiempo.

Esta inclinación se verá reforzada por la predisposición de los gobiernos europeos para hacerse con insumos más fiables en los sectores de interés para la seguridad nacional. Ya estamos viendo esto en la actuación de Estados Unidos en los sectores de energía, telecomunicaciones, materiales de atención médica y productos farmacéuticos. Es sólo cuestión de tiempo que esta tendencia se propague a otros sectores y países.

En definitiva, es más que probable que haya una diversificación de las fuentes de abastecimiento en el sector sanitario, una reubicación de una serie de actividades productivas lo más cerca posible de los lugares de consumo (en el caso de Europa se mirará al Magreb y África), y una utilización de procesos tecnológicos alternativos para contener los riesgos de deslocalización.

Además, el duelo entre Estados Unidos y China está alcanzado niveles preocupantes. La desconexión económica o desacople entre ambas potencias con su pulso en materia de aranceles y el bloqueo de inversiones, elevado de tono por el cruce de acusaciones sobre el origen y gestión de la pandemia de la COVID-19, no sólo resquebraja el normal funcionamiento de la economía mundial apoyada en la globalización, sino que puede entrar en un terreno prebélico o de guerra fría de consecuencias impredecibles.

Debemos reconocer que los críticos con el sistema imperante tienen razón en algo: la globalización trae consigo tanto problemas como beneficios. Obliga a las sociedades a fortalecer su mejora, al igual que a proporcionar a los trabajadores educación y capacitación permanente para adaptarse a las nuevas tecnologías o la competencia extranjera. Y, ahora, a prepararse cara a enfrentar hechos inevitables como pandemias o fenómenos meteorológicos extremos causados por el cambio climático.

Sin embargo, podemos afirmar que la globalización no es un problema que los gobiernos deban resolver: es una realidad que deben manejar. La globalización vino para quedarse, porque está íntimamente ligada al progreso humano y tecnológico. Es un proceso histórico imparable que ha ido in crescendo. Optar por la desglobalización general es elegir un falso remedio.

Así, hay que reiterar que pese a los ajustes que se introducirán para evitar nuevos errores de abastecimiento en sectores sensibles, la multilateralidad y la interdependencia de los procesos productivos, aunque sea por zonas de influencia de Estados Unidos y de China, permanecerá. Los europeos tienen intereses en los dos lados de la contienda y tendrán que defender su propia estrategia.

Se debe recalcar que, dadas sus características, la economía europea necesita un mercado global y abierto para sobrevivir. Lo contrario le pondría las cosas más difíciles y le conduciría a una decadencia acelerada. La Unión Europea debe reaccionar porque hoy, todavía más que antes, se necesita en el mundo un referente que equilibre el juego de intereses de estadounidenses y de chinos. Esto pasa por una soberanía política, económica, tecnológica y de defensa netamente europeas. Pensar en la supervivencia de los países europeos como unidades aisladas, a largo plazo, es utópico porque no podrían mantener los estándares de bienestar actuales.

Dos guerras mundiales han enseñado que un orden global organizado en torno al nacionalismo egocéntrico es incompatible con la paz y la seguridad. Y lo que la pandemia ha puesto de manifiesto es la conveniencia urgente de hallar un nuevo equilibrio entre el Estado-nación y las instituciones supranacionales. Ese es el camino de Europa.

EUROPA NO TIENE OTRA OPCIÓN

Incluso el ciudadano de a pie percibe que el mundo está adentrándose en algo diferente a lo que las sociedades han sido con anterioridad a la pandemia del coronavirus. Así, en estos momentos los gobernantes de los países tratan de tomar medidas que les evite un largo invierno pospandemia.

En este sentido, llama la atención la postura y las declaraciones que provienen de la canciller alemana Angela Merkel. La canciller, que ha demostrado solidez y equilibrio en sus decisiones, ha sido polémica en ocasiones apostando por soluciones que aparentemente se salen del guión.

Recordemos esos hitos. En 2010, Merkel se rebeló contra las expectativas al insistir en que se incluyera al Fondo Monetario Internacional en los esfuerzos para rescatar a Grecia. Después de 2011, cuando ocurrió el desastre de Fukushima en Japón, cerró las plantas nucleares de energía alemanas. Luego, en 2015, abrió las fronteras de su país a más de un millón de refugiados sirios. Y recientemente acordó una propuesta para un fondo conjunto de recuperación de 750.000 millones de euros, Next Generation EU, para ayudar a superar la crisis de la COVID-19 en Europa.

Pero sobre todo, llama la atención que en cada una de esas oportunidades, Merkel insistió en que no había alternativa. De todas las formas, esta última sorpresa es, con mucho, la más audaz. "El Estado-nación por sí solo no tiene futuro", declaró durante una conferencia de prensa con el presidente francés

Emmanuel Macron días antes de lanzarse el fondo de recuperación europeo.

Eso es por lo que muchos observadores se preguntaron si finalmente la Unión Europea (UE) está acercándose a su "momento hamiltoniano". Recordemos que en los primeros años de la república estadounidense, el primer secretario del tesoro de los recién fundados Estados Unidos, Alexander Hamilton, sostuvo que el gobierno federal debía asumir las deudas incurridas por los estados de la Unión durante la guerra de la Independencia. Y de esta forma, se adoptó la mutualización de la deuda para resolver la situación crítica de tales estados.

Todavía es prematuro para celebrar el tan esperado "momento hamiltoniano" de la mutualización de deudas dentro de la UE. Pero cabe preguntarse por el motivo que ha llevado a la canciller Merkel a realizar la afirmación de que el Estado-nación por sí solo no tiene futuro, lo cual le ha acarreado, como en las otras ocasiones, múltiples críticas dentro de su país.

Sin ser exhaustivo, diremos que la historia de Alemania ha sido la reducción y unificación de innumerables territorios y estados que, desde Westfalia en 1648, llegaron a formar el actual Estado germano en el siglo XIX por un sentido práctico. Y, ahora, la canciller alemana vuelve a hacer gala de ese sentido práctico.

Parece claro que hay dos razones por las cuales podemos pensar que la crisis actual es, de hecho, diferente a las anteriores en las que Merkel ha marcado el camio. En primer lugar, la pandemia es una crisis nacida de la globalización, que requiere una respuesta basada en la cooperación mundial. En segundo lugar, las comparaciones de las tasas de mortalidad y de contagio entre países, y las secuelas económicas de la pandemia, han llevado a una gran parte de los ciudadanos de los países a que valoren mejor a los gobiernos competentes.

En concreto, a diferencia del presidente estadounidense Trump o del presidente brasileño Bolsonaro, Merkel y Macron no se inclinan hacia la política de la emoción. Al contrario, ambos se enorgullecen de ser hábiles gestores que toman decisiones basadas en los hechos. Y la pandemia de la COVID-19 evidencia que el Estado-nación efectivamente está mal equipado para dar respuesta a esta crisis, ya que las necesidades más inmediatas que genera son extremadamente locales o supranacionales.

En el siglo XIX, los Estados-nación se forjaron a sangre y acero. Hoy se está creando algo nuevo a fuerza de medicina y política económica.

En cuanto a los fondos que se distribuyan conforme a este plan Next Generation EU, estos fluirán a través de programas de la Unión Europea con la mirada puesta en el cumplimiento de los objetivos de la Comisión, incluida su agenda medioambiental y para la economía digital. A tal fin, la Comisión buscará fondos en los mercados mediante la emisión de bonos a largo plazo, y con el respaldo adicional de un aumento sugerido de los recursos tributarios (por ejemplo, impuestos a las emisiones de gases de efecto invernadero, los servicios digitales y otras áreas del comercio supranacional).

Sin embargo, como hemos dicho, aún es prematuro para celebrar el tan esperado "momento hamiltoniano" de la mutualización de deudas dentro de Europa. Para empezar, la emisión de bonos prevista no constituye una auténtica mutualización de deudas, porque no incluye una garantía solidaria. Por otro lado, la propuesta que lanzó el financiero George Soros acerca de que de la UE pudiera emitir bonos perpetuos atenuaría el problema, pero no lo solventaría. En cualquier caso, si los fondos no están disponibles pasados unos meses, tal vez ya sea demasiado tarde para los países especialmente perjudicados y con una deuda disparada, como Italia, España y Grecia, a los que, por si no fuera suficiente, les espera una temporada turística poco prometedora.

El problema se magnifica debido a la desconfianza mutua entre los "cuatro frugales" de la UE (Austria, Dinamarca, los Países Bajos y Suecia) y los países del sur "derrochadores" (Italia, España y Grecia). Por lo cual, es francamente difícil imaginar que se adopte una solución a largo plazo.

Hoy la UE continúa siendo una unión de transferencias incompletas, en la que los recursos (humanos, físicos, financieros) van de la periferia al centro. Igualmente, los optimistas pensaban que, tras el Brexit, la salida del Reino Unido del club europeo haría posible la cirugía de una UE más cohesionada. Sin embargo, no hay que poner mucho optimismo en ello, porque Londres no era tanto un obstáculo a la integración cuanto una excusa para otros Estados miembros que evitan un estrechamiento de vínculos. Por ejemplo, no fue el Reino Unido quien bloqueó el esquema europeo de seguros de depósitos necesario para completar la unión bancaria de la eurozona. La autoría fue de Alemania.

Junto a lo dicho, dado el ascenso de partidos populistas en toda Europa, era bien sabido que la siguiente crisis importante sería una amenaza existencial para la Unión Europea. Así que este es el momento para que la UE demuestre que está a la altura del desafío de completar el proceso de integración. De esta manera, frente al abismo que se adivina, Francia y Alemania idearon un plan para mitigar el efecto económico devastador de la pandemia, dando vía libre al plan Next Generation EU.

Ante esta tesitura, Alemania estaba obligada, o bien a ofrecer un respaldo fiscal parcial proporcionado por la UE con el dinero de sus propios contribuyentes, o bien a permitir que las instituciones de la UE provean un respaldo mutuo suficiente (comenzando con el presupuesto de la eurozona) para toda la unión monetaria. Es de suponer que Alemania apoyó con Francia el plan de recuperación al darse cuenta de que no se puede decir "nein" a un mecanismo de apoyo monetario y a un mecanismo de apoyo fiscal. Ambos son necesarios para que el euro sobreviva.

Aunque, en general, cualquier respuesta paneuropea a la crisis de la epidemia del coronavirus es un paso en la dirección correcta, Europa no puede mantenerse en la tradición de postergar la solución real de los problemas. Los europeos necesitan evitar un colapso de los propios proyectos medulares de la "Unión Europea" y del "euro". En caso contrario, los enormes costes económicos, sociales y políticos resultantes de una desintegración serían inasumibles.

Por todo lo planteado, la inercia que se adivina en algunos socios de la UE de no fortalecer el proyecto europeo mientras se remonta la crisis de la pandemia dejará a Europa en una grave decadencia en el mundo post-COVID, en el que las otras grandes economías continentales, Estados Unidos, China e India, tomarán las decisiones geoestratégicas y económicas importantes. Es hora de que los Estados miembros de la Unión se planteen su voluntad real de construir una Europa más unida y sólida que permita un porvenir seguro a sus ciudadanos.

EUROPA VERSUS RUSIA

La Europa no rusa está seriamente preocupada por su relación con Rusia debido al naufragio reciente del régimen global de control de armas y porque esta potencia se halla cada vez más vinculada a China, amén de por su indisimulada hostilidad hacia los países europeos occidentales.

Pese a que la Unión Europea y Rusia están próximos geográficamente, no han tenido mucho en común. La mayor parte del territorio ruso se encuentra en Asia, pero más del 70% de su población vive al oeste de los montes Urales. Junto a ello, los rusos no quieren asociarse con Asia Oriental o el Sur Islámico, por lo que sus únicas opciones serias son caminar por libre o acercarse a Europa.

Si Rusia va por libre y queda aislada, corre riesgos. Este país es un coloso con armas nucleares, pero está en retroceso demográfica, económica y tecnológicamente. Además, todavía basa su PIB en la exportación de combustibles fósiles y otros productos básicos, lo que apenas es suficiente para mantener un estatus de superpotencia en el siglo XXI. De hecho, va camino de convertirse en un socio menor de China. Igualmente, dado el envejecimiento de la población rusa y que Rusia cuenta geográficamente con inigualables extensiones vacías, en un futuro pudiera llegar a convertirse en una zona de expansión para las ambiciones chinas.

Entonces, la opción lógica de Rusia es Europa. Aunque el punto negativo para ambas partes es su historia. Las cicatrices de gobiernos déspotas de zares y soviéticos siguen pasando factura en Europa Central y Oriental, particularmente en Polonia y el Báltico. Y, últimamente, la anexión del presidente ruso Vladimir Putin de Crimea y la campaña militar en el este de Ucrania han reforzado la desconfianza hacia Rusia en toda la región.

Idénticamente, la relación de Rusia con el resto de Europa también está determinada por su historia. Durante la década de los noventa del siglo pasado los rusos tuvieron que recuperarse del trauma soviético, y, posteriormente, con Putin adoptaron una mentalidad del siglo XIX. Tengamos en mente que la élite rusa, independientemente de si era del período zarista o de la Revolución Bolchevique, siempre ha considerado a su país como una gran potencia hegemónica en Europa del Este, lo cual le hace chocar contra la Unión Europea (UE).

Respecto a que Europa pueda dar pasos para acercarse a Rusia pensando en algún tipo de integración con ella, surgen ciertas dudas. Primeramente, hay que recordar que la razón de ser de la UE es trascender las zonas de influencia de los Estados miembros en Europa como forma de evitar el regreso a las luchas de poder y a las guerras desastrosas que tuvieron lugar en la primera mitad del siglo XX. Pero en el caso de Rusia, en Europa se tiene presente que este país es demasiado grande para integrarse en la UE sin tensiones (de hecho, no está claro quién se integraría con quién).

En segundo lugar, si lo anterior fuera superable, Rusia, o al menos su clase dirigente, no comparte los valores de los europeos occidentales. La UE tiene como núcleo la defensa de la democracia, los derechos humanos, la independencia judicial y el Estado de derecho, y, como añadido, ha renunciado a cualquier revisión de sus fronteras por la fuerza. Y la guerra en curso del Kremlin en la región de Dombás de Ucrania obliga a un alejamiento de las posiciones europeas y rusas.

Pero al margen de estas premisas, Europa ha llevado a cabo acciones para mejorar las relaciones con Rusia. Los Estados miembros de la UE no quieren provocar que Rusia se eche en brazos de China, ni que la desintegración de los tratados de control de armas entre Estados Unidos y Rusia produzca una vuelta a los periodos de inseguridad en suelo europeo. De todos es conocido que los intereses estadounidenses y europeos no caminan en la misma dirección respecto a las armas nucleares, y que la administración estadounidense valora poco los puntos de vista del Viejo Continente en este asunto. Lamentablemente, el papel de Europa en este tema es limitado debido a su medianía a la hora de posicionarse como una potencia militar.

La única vía de acercamiento de los países de la Unión Europea a Rusia es la posibilidad de ofrecer a ésta ventajas económicas. Sin embargo, mejorar las relaciones económicas es simplemente imposible sin un progreso verificable en la implementación del Protocolo de Minsk para poner fin al conflicto en Dombás.

En cualquier caso, en última instancia, el problema de fondo que separa esencialmente a Rusia de Europa es lo concerniente a la democracia. Pensemos que hay un miedo latente en la oligarquía rusa de que la revolución de Maidán de 2014 en Ucrania se pudiera llegar a replicar en la Plaza Roja de Moscú. Y en este asunto, la verdadera amenaza a los ojos de esta oligarquía rusa no es tanto la OTAN como la UE, y su promoción de la democracia y el Estado de derecho. Los sistemas tanto políticos como sociales ruso y europeo son fundamentalmente incompatibles, pues representan valores contradictorios y enfoques muy diferentes.

Tras un acercamiento con vistas a un mejor entendimiento y colaboración entre ambas partes tras la caída del Muro de Berlín, el régimen de la Rusia de Putin ha vuelto a una trayectoria similar a la mantenida por los zares, aliándose con la Iglesia Ortodoxa a la par que lanza ataques contra el Occidente decadente y el liberalismo. Sin entrar en muchos detalles, es público y notorio que el apoyo del Kremlin a las fuerzas iliberales y nacionalistas en Europa y Estados Unidos es únicamente una parte de otras formas de amenazas híbridas que está fomentando.

En resumen, hasta que estalló la crisis en Ucrania, la Unión Europea y Rusia habían estado construyendo una asociación estratégica en relación con, entre otras cuestiones, el comercio, la economía, la energía, el cambio climático, la investigación, la educación, la cultura y la seguridad (incluida la lucha contra el terrorismo), la no proliferación nuclear y la resolución de conflictos en Oriente Próximo. La Unión fue una firme defensora de la adhesión de Rusia a la OMC (llevada a cabo en 2012). En los últimos años, la cuestión de la vecindad compartida se ha convertido en un punto de fricción importante. Como hemos comentado, la anexión ilegal de Crimea por parte de Rusia en marzo de 2014 y las pruebas de que Rusia apoyaba a combatientes rebeldes en el este de Ucrania provocaron una crisis internacional. La Unión revisó su relación bilateral con Rusia y suspendió las cumbres bilaterales periódicas, el diálogo sobre las cuestiones relativas a los visados y las negociaciones sobre un nuevo acuerdo bilateral destinado a sustituir al Acuerdo de Colaboración y Cooperación de 1994.

En la actualidad, la Unión aplica un enfoque de doble vía con respecto a Rusia, que combina soluciones graduales con intentos de encontrar una solución diplomática al conflicto en el este de Ucrania. La participación rusa en la labor del grupo de países del

E3+3 para celebrar un acuerdo nuclear con Irán en julio de 2015 hizo albergar esperanzas respecto a una mayor cooperación a escala internacional. Sin embargo, la intervención de Rusia en el conflicto sirio desde septiembre de 2015, en apoyo al presidente Bashar al-Asad, así como las campañas de desinformación promovidas tanto dentro de Rusia como en el exterior, han agravado las tensiones con Occidente.

Por supuesto, las sociedades de Europa están abiertas a un mayor entendimiento entre la UE y Rusia, aunque este acontecimiento no será ni rápido ni fácil. Antes de otros avances, como cuestión previa, respecto a Ucrania y la democracia, Europa no puede bajar la guardia y tampoco debe ser condescendiente con posturas autoritarias y agresivas llevadas a cabo por la política rusa en los últimos tiempos. Por lo demás, las puertas a una mejor relación están abiertas y sería deseable que el presidente Putin moviera ficha.

EUROPA Y BIDEN

Desde finales de la década de los noventa, la Unión Europea está intentando implementar una autonomía de acción que contemple los intereses puramente europeos, especialmente en materia de defensa. Sin duda, el motor para avanzar en este camino ha sido la presidencia de Donald Trump. Momento en el cual los europeos, con cierta perplejidad, asumieron que el sempiterno aliado no era de fiar. De esta forma, la "autonomía estratégica" de Europa emergió como un paraguas para hacer de este continente un actor más cualificado en seguridad y defensa.

Sin embargo, los Estados miembros están divididos sobre el hecho de si la autonomía estratégica es deseable, y sobre la posibilidad de que este camino, al duplicar esfuerzos, dinamite la OTAN y enfade a Estados Unidos. Y, dado que la Administración Trump se opuso a la idea de una Europa fuerte, los europeos ven en la presidencia de Joe Biden un posible apoyo para conseguir dicha autonomía.

Pero los europeos no deberían caer en la tentación de actuar como si Trump no hubiera existido. El "trumpismo" va a perdurar, y los europeos no pueden estar seguros de si el sucesor de Biden en la presidencia permanecerá comprometido con la seguridad de Europa, lo cual ha venido poniéndose de manifiesto desde la Administración Obama.

Evidentemente, una Europa más capaz militarmente, probablemente, implicará un grado de divergencia entre europeos y norteamericanos, especialmente en asuntos de industria militar, incluida una disminución de la compra de equipos estadounidenses. Pero esto debería ser un precio que valga la pena pagar por Washington: una Europa más autosuficiente aligeraría la carga sobre Estados Unidos y sentaría las bases para una renovada asociación transatlántica de seguridad tras las tensiones de la era Trump.

Los europeos deben aceptar una mayor responsabilidad respecto a su propia seguridad, no porque Estados Unidos les pida que lo hagan, sino porque es en su propio interés. Tengamos presente que el más que probable consenso bipartidista de fondo en Estados Unidos para contrarrestar la influencia china y limitar su participación militar en Oriente Medio significa que las futuras administraciones de Estados Unidos mantendrán su foco fuera del Viejo Continente y de su vecindario

Estados Unidos seguramente continuará asegurando la disuasión convencional y nuclear contra Rusia y, eventualmente, apoyará las operaciones militares europeas con capacidades de las cuales carecen si los europeos intervinieran en un conflicto. No obstante, las prioridades de Washington en la vecindad de Europa no siempre son las mismas que las de los europeos, fundamentalmente en Oriente Medio y África del Norte. Y, ante esto, los europeos deberán estar dispuestos a hacer más por su propia seguridad.

En términos más generales, la presidencia de Biden ofrece a europeos y estadounidenses la oportunidad de compartir la carga de la seguridad de manera más justa y de superar la toxicidad de la controversia sobre el aporte para sobrellevar la carga.

La seguridad europea implica un conjunto de cuestiones mucho más amplio que las de si cada país gasta el 2% del PIB en defensa o el número exacto de tropas y activos estadounidenses que tienen su base en Europa. El reparto de cargas abarca la preparación y la formación, los acuerdos de control de armamentos, las inversiones en movilidad militar en Europa, la capacidad de contrarrestar tanto amenazas híbridas como terrorismo y los esfuerzos para estabilizar los países vecinos de Europa.

En definitiva, el ingrediente clave de una nueva división transatlántica del trabajo sería una Europa más capaz y dispuesta. Así, los europeos invertirían mejor en su propia defensa y asumirían una mayor responsabilidad al abordar los desafíos transatlánticos compartidos. A la vez, podrían manejar las crisis en la vecindad de Europa por sí mismos o con cierto apoyo de Estados Unidos.

Europa debe asumir responsablemente su mayoría de edad y la construcción de su autonomía estratégica, por el bien de los europeos y de quienes en ellos confían.

EUROPA Y BIELORRUSIA

Tras las elecciones del 9 de agosto de 2020, el presidente Alexander Lukashenko fue incapaz de concretar su intentona de robar otra votación y de prolongar su permanencia en el poder. En este contexto, muchos comentaristas comparan la situación bielorrusa con las revoluciones Naranja y de Maidán de Ucrania ocurridas en 2004 y 2014, respectivamente; pero Bielorrusia no es Ucrania y tampoco resulta especialmente útil aplicar el modelo Maidán a las protestas del pueblo bielorruso contra el fraude electoral de Lukashenko.

Aunque la corrupción y la mala gestión indudablemente influyeron en los eventos políticos posteriores a la Guerra Fría en Ucrania, el principal factor determinante en este país fue su deseo de incorporarse al ámbito europeo. La revolución de Euromaidán fue una respuesta directa al intento del entonces presidente ucraniano Víktor Yanukóvich de abandonar la causa de la integración europea.

En cambio, el levantamiento en Bielorrusia es diferente, los problemas internos claramente tienen un papel más destacado y las cuestiones sobre la orientación del país hacia Europa o Rusia están casi totalmente ausentes. Los bielorrusos simplemente se hartaron del reinado de 26 años de un hombre que cada vez está más alejado de la sociedad.

Por ello, en el caso de Bielorrusia, no sería adecuado realizar una analogía con Ucrania sino, más bien, con la Armenia de la primavera de 2018, cuando las manifestaciones masivas forzaron la renuncia de Serge Sargsián (quien ocupó la presidencia durante largos años) e inauguraron una nueva era democrática en el país.

De siempre, Armenia también mantuvo una relación estrecha con Rusia, tanto por motivos históricos como estratégicos. En 2013 el país se abstuvo de unirse a Georgia, Moldavia y Ucrania en su firma de un Acuerdo de Asociación y un Tratado de Libre Comercio con la Unión Europea (UE), y optó por sumarse a la Unión Económica Euroasiática (UEE) liderada por Rusia.

Dadas estas circunstancias, la revolución armenia podría servir de modelo para Bielorrusia. La meta inmediata sería que un gobierno de transición prepare el terreno para convocar una nueva elección presidencial con supervisión internacional. Para garantizar un proceso fluido, la orientación exterior bielorrusa debe quedar fuera de cualquier debate. Las elecciones deben centrarse únicamente en la democracia dentro del país, y nada más.

Para crear las condiciones para el "modelo de Armenia", la UE debe diseñar sus próximas sanciones a Bielorrusia con cuidado, y dirigirlas únicamente a las personas responsables e involucradas en la obvia falsificación de las elecciones y la consiguiente violenta represión contra los manifestantes. Cualquier acción que imponga costes a la sociedad bielorrusa y a la economía en general sería contraproducente.

Además, Europa y otras potencias occidentales deberán aceptar que una Bielorrusia democrática seguirá dependiendo económicamente de Rusia, al menos por ahora. Desde luego, es de esperar que las reformas necesarias para modernizar la economía bielorrusa harán que en un futuro esa relación con Rusia sea más equilibrada en el marco de la UEE.

Del mismo modo, dado que un acuerdo de asociación con la UE al estilo de Ucrania no será una opción, la prioridad debería ser incorporar a Bielorrusia a la Organización Mundial del Comercio y apoyarla a través del Fondo Monetario Internacional. Ambos procesos introducirían condiciones para las reformas económicas internas, con la esperanza de que un régimen democrático las adopte rápidamente.

Después de su revolución democrática, Armenia continuó albergando una base militar rusa fuera de su capital, Ereván. Si bien Rusia no tiene una presencia militar comparable en Bielorrusia, sí tiene obvios intereses de seguridad en la región. Actualmente cuenta con una pequeña unidad de la fuerza aérea rusa y dos instalaciones estratégicas, aunque es de esperar que el Kremlin utilice Bielorrusia como territorio para su defensa avanzada si las tensiones con la OTAN y Estados Unidos aumentan. De todas formas, el Secretario General de la Alianza, Jens Stoltenberg, manifestó que la OTAN no representa una amenaza para Bielorrusia, y que no tiene un refuerzo militar en la región. Igualmente hizo saber que todos los aliados apoyan una Bielorrusia soberana e independiente.

Si el presidente ruso Vladimir Putin aceptaría una transición política al estilo armenio en Bielorrusia es, por supuesto, una cuestión abierta. Es probable que algunos asesores de su círculo íntimo emitan advertencias paranoicas sobre una pendiente resbaladiza que llevará a la OTAN a tomar el control. Pero insistimos en que para detener a quienes piden una represión brutal con el fin de evitar cualquier tipo de avance democrático, Occidente tendrá que ser proactivo en su diplomacia, dejando claro que apoyará una Bielorrusia democrática que todavía elija tener vínculos estrechos con Rusia.

Por ello, no se puede volver a repetir los errores cometidos con Ucrania. En aquellos días, Bruselas y Occidente sostuvieron un pulso con Moscú cuando en 2013 el Kremlin presionó al gobierno ucraniano para que abandonara las negociaciones del tratado de asociación y libre comercio con la UE. Sin embargo, hay voces que aseguran que lo prudente hubiera sido aceptar una Ucrania neutral, lo cual hubiera evitado que Rusia reaccionara anexionándose Crimea y comenzando la guerra en el este de Ucrania.

Los polacos, lituanos y ucranianos se horrorizarían si Bielorrusia fuera absorbida por Rusia. En lugar de que la frontera rusa estuviera tan lejos de Europa Central como en la época de Pedro el Grande, Rusia volvería a extenderse hasta Polonia y Lituania, no sólo con el enclave de Kaliningrado, sino a través de la totalidad de sus fronteras orientales.

En definitiva, la situación en Bielorrusia no debe terminar en una lucha geopolítica entre Rusia y Occidente. Lo inteligente es considerarla como un asunto interno, que afecta al pueblo bielorruso y a un régimen que ha perdido legitimidad. Europa puede ayudar al pueblo bielorruso a alcanzar un resultado democrático, pero solamente bajo la premisa de la prudencia.

GEOPOLÍTICA POS-BREXIT

Más allá de las consecuencias que la salida del Reino Unido de la Unión Europea (UE) traerá para los ciudadanos de a pie y las empresas existen otras consecuencias a largo plazo de tipo geopolítico y estratégico que, sin duda, marcarán el devenir del siglo XXI. Tales secuelas serán más decisivas para el futuro del Reino Unido que para el de la UE-27.

El acuerdo comercial que finalmente se pactó entre la UE y el Reino Unido puede describirse como la mejor entre varias alternativas deficientes. El hecho mismo de que se haya alcanzado es, hasta cierto punto, atribuible al resultado de la elección presidencial en Estados Unidos. Tras su acercamiento a Donald Trump, el primer ministro Boris Johnson sabía que la Administración Biden no estará muy dispuesta a hacer favores a su gobierno. Sin un acuerdo con Europa, el Reino Unido se hubiera encontrado completamente aislado.

Por su parte, los dirigentes de la UE esperaban este acuerdo porque eran conscientes del daño que el Brexit había ocasionado a la Unión. Atendiendo al considerable acervo de experiencia y capacidades geoestratégicas del Reino Unido (en particular por su capacidad nuclear), evitar una ruptura total era crucial para Europa.

Por hacer un breve comentario del convenio alcanzado por las partes, que ya es conocido por todos, diremos que constatamos que el Brexit no presagia una relación comercial más estrecha entre los exsocios, sino una separación de caminos. Respecto a los asuntos más inmediatos que afectan a ciudadanos y empresas de ambos lados, recordaremos que el Reino Unido ha tenido que abandonar su pretensión inicial de mantener la mayoría de los beneficios del mercado único de la UE obviando las correspondientes obligaciones. Al final, todo ha quedado en un arreglo sin aranceles ni cuotas, pero con aduanas y declaraciones fiscales, lo cual ralentizará el comercio y lo dificultará, además de entorpecer las cadenas de suministro.

En cuanto a las reglas de juego, habrá un sistema para resolver disputas que no incluye un papel para el Tribunal de Justicia de la Unión Europea, excepto la interpretación de la ley de la UE. Así, las partes pactaron un mecanismo de arbitraje junto a un mecanismo de salvaguarda y ejecución independiente para decidir en caso de conflicto.

En cuanto al sector pesquero, la UE mantendrá el acceso a los caladeros británicos durante cinco años y medio, aunque con una reducción del 25% de los derechos de pesca de la UE-27 (después se requerirán negociaciones anuales para las cuotas de pesca). Por lo demás, el acuerdo en sus 1.246 páginas solamente recoge un marco general, porque las negociaciones de la letra pequeña no están cerradas y se prolongarán en el tiempo.

Luego está Irlanda del Norte que, a diferencia del territorio de la Gran Bretaña (constituido por Inglaterra, Gales y Escocia), seguirá en el mercado único y la unión aduanera. Con lo cual, es probable que los controles fronterizos y aduaneros en el Mar de Irlanda fomenten un debate continuo sobre la futura unidad del Reino Unido, ya que las dos Irlandas van a estar más cerca, y más lejos de Gran Bretaña.

Lo cierto es que lo asumido por las partes se centra casi en su totalidad en el tránsito de mercancías, lo que significa que no hay apenas nada regulado para los servicios, que constituyen el 80% de la economía británica y representan el sector de más rápido crecimiento de las exportaciones mundiales. Asimismo, no hay nada en el acuerdo acerca del reconocimiento mutuo de las cualificaciones de los servicios profesionales.

Tampoco hay nada sustancial sobre cooperación en política exterior y defensa. Y aunque el pacto incluye algunas disposiciones sobre seguridad nacional, el acceso británico a las bases de datos de seguridad de la UE y al sistema de trabajo policial de Europol ha quedado más limitado que anteriormente. Del mismo modo, Gran Bretaña ha perdido su derecho a utilizar la orden de detención europea.

Sin embargo, la mayor consecuencia para los ciudadanos de ambas partes será la pérdida del derecho a la libre circulación. Debe continuar alguna cooperación científica y de investigación, pero Gran Bretaña ha sido excluida del proyecto de posicionamiento por satélite Galileo y existen incertidumbres sobre las condiciones de su futura participación en el programa de investigación Horizon. Gran Bretaña también ha abandonado el programa Erasmus de intercambios de estudiantes de la UE.

Pese a lo pregonado por los defensores del Brexit, lo cierto es que el PIB del Reino Unido se reducirá alrededor del 4% en comparación con lo que habría sido de otro modo. Y, fácticamente, hay pocas certidumbres de que los nuevos acuerdos comerciales con países, como Estados Unidos, China o India, compensen las ganancias perdidas.

El Brexit inevitablemente también tendrá ciertas consecuencias en el sector financiero de la UE-27. Pese a que Bruselas intentó restar importancia a la City londinense, no lo ha conseguido de manera significativa. Londres ha perdido el negocio de las acciones europeas, y bancos, gestoras o fondos de la City han abierto sedes en Europa Continental para mantener a sus clientes conectados con el mercado europeo. Sin embargo, este sector siempre ha sido más ágil e innovador en la City londinense que en la Europa Continental, y dependiendo de la trayectoria que tomen los británicos afectará en mayor o menor medida a sus exsocios. Lo cual acarreará tanto repercusiones en el volumen en materia de inversión en la UE-27, como en lo tocante a la atracción de capitales de inversión extraeuropeos en sectores estratégicos. Bruselas siendo consciente de esto no ha querido cerrar un acuerdo precipitado en esta materia puesto que considera el sector financiero como estratégico.

Pasando al aspecto que nos ocupa, acerca de las consecuencias geopolíticas y estratégicas, la verdad es que la Europa de los 27 pierde un componente importante de su capacidad diplomática en el orbe, y una pata valiosa en materia de seguridad y defensa. Evoquemos que el Reino Unido cuenta con una dimensión nuclear disuasoria que, a excepción de Francia, los 27 no poseen y que es esencial, tanto en el ámbito puro y duro de la seguridad, como si se tiene en cuenta el avance hacia una Europa de la defensa. Lo mismo se podría decir en el campo de los servicios de inteligencia en un mundo en el cual son cada vez más necesarios debido al terrorismo yihadista internacional y a las amenazas híbridas.

Lo cierto es que tanto la UE-27 como el Reino Unido están llamados a entenderse y colaborar en materia de seguridad y defensa, pero en el largo plazo los acercamientos económicos y los tratados comerciales que los británicos deberán llevar a cabo en su nueva andadura implicarán la posibilidad de un distanciamiento de intereses cuando el Reino Unido trate de negociar con Rusia o China.

Por otro lado, el pensamiento británico a menudo se ha visto empañado por la nostalgia de un imperio perdido y el estatus de gran potencia. La pertenencia al club europeo proporcionó a los británicos una especie de respuesta. El Reino Unido, como dijo Tony Blair, era un puente entre Estados Unidos y Europa, con influencia tanto en Washington como en Bruselas. Ahora debe repensar su papel real en el contexto internacional.

Una posibilidad sería que los británicos aceptaran la nueva situación de su país en el mundo y se concentraran en convertirse en una gran Dinamarca. Es decir, un ejemplo de país modélico del norte de Europa, sin pretensiones de gran potencia. De hecho, en una encuesta realizada recientemente, el 38% de los británicos afirmó que Gran Bretaña tendría que dejar de fingir que es una potencia importante en el mundo. Tan sólo el 28% no estuvo de acuerdo con tal golpe de realismo. Sin embargo, los británicos no deberían dar por sentados los beneficios de una influencia del tipo gran imperio. Quizás, les fuera más conveniente intentar influir en el orbe con mecanismos que se adapten a los intereses británicos, ya sea en materia de comercio, cambio climático o democracia.

En cualquier caso, el Reino Unido puede desempeñar un papel relevante en el contexto de las naciones, pues su peso es reconocido en la OTAN, el G-7, el G-20, la Commonwealth, y el Consejo de Seguridad de Naciones Unidas (como miembro permanente), entre otros foros internacionales. Además, posee armas nucleares junto a un ejército capaz y eficaz (después de Estados Unidos será el miembro de la OTAN con mayor presupuesto en defensa). Igualmente, cuenta con un experimentado poder blando a través de su servicio diplomático, ayuda al desarrollo y científicos prominentes.

Cierto es que, fuera de la UE, el Reino Unido también tiene la posibilidad de ser una potencia más ágil. Es capaz de actuar más audazmente que los 27 vinculados al consenso en, digamos por ejemplo, sanciones a la despótica Bielorrusia. Así, ha desafiado a los escépticos renovando acuerdos comerciales, desde con Japón hasta con Turquía. Sin las interminables rondas de reuniones europeas, los ministros y diplomáticos británicos tendrán más tiempo para actuar más allá de Europa, de forma especial en el Indo-Pacífico, una región con una importancia clave para todo en los próximos años, sea el comercio o la seguridad.

De la misma forma, será inevitable la perdida de una mayor visión transatlántica de la UE. Asimismo, el Reino Unido ofrece otra visión transatlántica adicional a Bruselas al integrar intereses derivados de la Commonwealth. En ese sentido, el Reino Unido representaba y transmitía posiciones de países tan relevantes como Canadá, Australia, India o Nueva Zelanda que con el Brexit dejarán de tener ese peso.

No obstante, si el Reino Unido quiere estar a la altura de sus aspiraciones y redoblar su influencia en el mundo será necesario que tenga éxito en casa. Pero, por un lado, el Brexit será un lastre para el crecimiento económico y, por otro, el Brexit está provocando nuevos llamamientos a la independencia de Escocia y a la unificación de las dos Irlandas. Gran Bretaña no será tomada en serio en el extranjero si se está desmoronando en casa.

Por otro lado, el Reino Unido ha decidido que prefiere trabajar *ad hoc* en política exterior y defensa a través de la OTAN, las relaciones bilaterales y el grupo E3 (Reino Unido, Francia y Alemania) en vez de con el resto de los países europeos. Sin embargo, la Historia sugiere que Gran Bretaña será arrastrada hacia Europa. Los intereses compartidos y la necesidad de aunar recursos abogan por una asociación. Por extraño que pueda parecerles a los partidarios del Brexit, cuanto antes supere el exmiembro de la UE su ceguera sobre Europa, mejores serán las perspectivas para el Reino Unido.

Por último, no olvidemos que la integración del Reino Unido al proyecto europeo en 1973 implicó que la ayuda al desarrollo y la presencia en los países en desarrollo de la Europa comunitaria se ampliara enormemente con el aporte de las excolonias británicas de la Commonwealth, y la creación de lo que se denominó grupo de "países ACP" (África, Caribe y Pacífico). Lo cual, en principio, subsistirá intacto pese a la salida británica de la Unión.

Refiriéndonos a la Unión Europea a 27, la salida del club del Reino Unido, como hemos apuntado, tendrá su mayor repercusión en materia de seguridad y defensa ya que los socios continentales pierden una pieza relevante en este campo. Desde otro punto de vista, quizás, el Brexit jugará en favor de los intereses estratégicos de Rusia y China, quienes siempre se benefician de la falta de unidad y coordinación de los europeos.

En cuanto a los temas de orden doméstico y en los concernientes a la proyección exterior de la UE, el Brexit no tiene que alterar significativamente trayectoria marcada por Bruselas. De hecho, respeto a ciertas dinámicas de funcionamiento interno, posiblemente sea un factor que agilice la toma de decisiones.

En cambio, habrá que tener en cuenta que la salida de los británicos romperá el equilibrio de fuerzas dentro de la Unión, puesto que han ejercido como contrapeso entre Francia y Alemania. Y esto se notará especialmente en la visión mantenida por estos últimos respecto a la dirección a seguir en las relaciones con Rusia.

Recordemos que el nuevo debate europeo sobre política exterior y de seguridad, cuyo principal promotor es el presidente francés Emmanuel Macron, abrió una fisura en torno de la cuestión de la posición estratégica de Europa. El llamado de Macron a la "autonomía estratégica" es la respuesta al desinterés de Estados Unidos por Europa y su reorientación hacia el Indo-Pacífico y China.

Macron no se equivoca al concluir que una retirada estadounidense del vecindario obligará a Europa a asumir mucha más responsabilidad en lo referente a su propia seguridad. En contraste, para Alemania, esto implica que se acerca el momento de la verdad. Pese a ser el motor económico de la UE y el Estado miembro con mayor población, Alemania (que es consciente de su responsabilidad desde la Segunda Guerra Mundial) lleva muchos años absteniéndose de actuar en forma estratégica. La UE nunca podrá ser una fuerza geopolítica creíble mientras Alemania no aporte todo su peso económico, político y, por supuesto, militar. El gobierno alemán también ha insistido en que cualquier intento de lograr autonomía estratégica debe complementarse y fortalecer la alianza transatlántica, no ponerla en peligro.

El Brexit ha forzado a que esta disyuntiva germana se convierta en inaplazable. Aunque el problema radica en que todavía hay muchos alemanes que, o bien le temen a la "Geopolítica", o bien se aferran a una idea de superioridad moral que los lleva a no defender los intereses europeos.

Con su búsqueda de una autonomía estratégica europea, Macron intenta llenar el vacío de liderazgo geopolítico creado por el Brexit y por la negativa alemana a participar en cuestiones trascendentales. Como única potencia nuclear y miembro permanente del Consejo de Seguridad de la ONU que le queda a

Europa, no hay duda de que Francia es el país mejor posicionado para ocupar ese lugar, pero no puede hacerlo sola.

JAPÓN SE ABRE CAMINO EN EL EXTREMO DE EUROPA ORIENTAL

La Unión Europea (UE), a pesar de ser el mayor donante de ayuda a África, tuvo que ceder protagonismo a China en su relación con los países de este continente cuando un día se le hizo patente, con sorpresa, que el país asiático había desplazado a los europeos de su lugar preeminente. Ahora, la historia se vuelve a repetir pero con otro país asiático y en otra zona de influencia europea. Esta vez, el país es Japón y la zona es la Europa del Este no integrada en la UE. Nos referimos a los Estados postsoviéticos de Bielorrusia, Moldavia y Ucrania, así como a los países del Cáucaso del Sur, Armenia, Azerbaiyán y Georgia.

Estos movimientos suceden mientras la UE está, tal vez despistada, o tal vez centrada en solventar sus propios dilemas existenciales internos, y, últimamente, tratando de salir a flote tras la crisis originada por la pandemia del coronavirus. Quizás, en esta ocasión, fuera buena idea pensar acerca de una colaboración en este terreno con el país nipón.

Atrás quedaron los días en que Europa Oriental era el patio trasero exclusivo de Rusia. Actualmente, gran parte del análisis sobre el renacimiento de estas potencias se suele centrar en la relación de éstas con China y su One Belt One Road (conocida como Nueva Ruta de la Seda), que ha introducido en todo el mundo postsoviético. Y mientras que la penetración de China en la región ha estado en el centro de atención mediática, la ofensiva de Japón para reavivar los lazos diplomáticos, políticos y económicos con esta parte de Europa del Este ha pasado desapercibida.

En los últimos cinco años, Japón ha abierto tres nuevas embajadas en la región (en Armenia, Bielorrusia y Moldavia), el primer ministro de Japón realizó la primera visita oficial a Ucrania en la historia de las relaciones bilaterales entre los dos países y el canciller japonés viajó a las tres repúblicas del Cáucaso del Sur. Más recientemente, en medio de la pandemia de Covid-19, Japón se comprometió a proporcionar el famoso medicamento Avigan a Georgia, Moldavia y Ucrania de forma gratuita. Estos movimientos plantean la pregunta de por qué, a pesar de una distancia geográfica tan grande, Europa del Este es importante para Japón.

Recordemos que durante mucho tiempo la política exterior japonesa se basó en sus conocidos dos pilares: 1) la alianza con los Estados Unidos, piedra angular de la seguridad de Japón; y 2) fortalecer las relaciones económicas y políticas con sus vecinos más poderosos, como China, Corea del Sur y Rusia. Pero en 2006 Japón formalizó un tercer pilar.

Taro Aso, el entonces ministro japonés de Asuntos Exteriores, dio a conocer el concepto del "Arco de la Libertad y la Prosperidad", que articuló el enfoque de Japón hacia los Estados de Eurasia (aparte de China y Rusia), incluidos allí seis Estados de Europa del Este: Armenia, Azerbaiyán, Bielorrusia, Georgia, Moldavia y Ucrania. En un nivel estratégico, el nuevo pilar tenía como objetivo mejorar la contribución de Japón a su alianza de seguridad con Estados Unidos. De esta forma, contribuía a compartir la carga de su aliado en la zona. La iniciativa coincidió con el cambio de autopercepción y transformación de Japón en un poder más seguro de sí mismo, reflejado en los despliegues de sus Fuerzas de Autodefensa (SDF) en el Océano Índico e Irak, así como en una política exterior y de seguridad más proactiva. Por último, pero no menos importante, el tercer pilar invadió lo que Rusia considera como su "exterior más próximo". Al dirigirse a Europa del Este, Tokio buscó también llamar la atención de Rusia y hacer que tomara a Japón más en serio.

Pero la formalización del tercer pilar no significaba que Japón hubiera estado tradicionalmente ausente de la región. Desde la década de 1990, Japón ha venido proporcionando asistencia técnica y ayuda financiera a esta área geográfica.

Además, la formalización del tercer pilar tenía como objetivo destacar las prioridades regionales de Japón dentro de Eurasia. Con respecto a Europa del Este, Japón invocó como su potencial interlocutor institucional la agrupación de Estados denominada "GUAM", compuesta por Georgia, Ucrania, Azerbaiyán y Moldavia (establecida en 1997) y formalizada como la "Organización GUAM para la Democracia y el Desarrollo Económico" en 2001.

En 2007, un año después de la presentación del tercer pilar, pero dos años antes del lanzamiento por la UE de la "Asociación Oriental" o "EaP" (que regula su relación con Armenia, Azerbaiyán, Bielorrusia, Georgia, Moldavia y Ucrania), Japón estableció el formato "GUAM+Japón" como marco para el diálogo de alto nivel y la cooperación mutua con esos países. El Diálogo "Asia Central+Japón", lanzado en 2004 como canal institucional para el diálogo y la cooperación entre Japón y las cinco repúblicas de Asia Central, sirvió como modelo para este nuevo formato. Por otra parte, y por regla general, cuando Tokio busca profundizar las relaciones en Eurasia prefiere relacionarse con un conjunto de Estados agrupados en torno a una organización subregional.

La distancia geográfica no significa que la seguridad de Japón no esté relacionada con los desarrollos en Europa Oriental. En todo caso, la guerra entre Rusia y Ucrania desencadenada en 2014 ha validado el curso de la política exterior de Japón en la región y ha subrayado la necesidad de evitar posibles impactos negativos en los intereses nacionales de Japón.

Así, tres asuntos destacan para Japón: el cambio forzado por Rusia de las fronteras de Ucrania, la transferencia de tecnologías y equipos militares de Europa del Este a China y el debilitamiento del régimen de no proliferación.

Respecto al primero de los tres, la anexión de Crimea por parte de Rusia y la guerra en el este de Ucrania van en contra de los intereses del país nipón. En ese momento, las acciones asertivas de China en el mar, especialmente alrededor de las islas Senkaku que han sido disputadas por Tokio y Beijing desde la década de 1970, plantearon uno de los desafíos de seguridad más serios para Japón. Para contrarrestar los intentos chinos de restringir el tráfico aéreo sobre las islas, Japón buscó apoyo internacional para su búsqueda de una política de mares abiertos y estables. Sólo un año después, los dramáticos eventos en Ucrania establecieron un precedente peligroso que podría replicarse en el Lejano Este, lo que provocó que Tokio reaccionara.

Japón está preocupado acerca de que China pueda emular el ejemplo de Rusia en su propio espacio cercano. Tokio utilizó la influencia diplomática para garantizar que estas acciones se enfrentaran a una amplia condena internacional, y patrocinó una resolución sobre la "Integridad territorial de Ucrania", adoptada por la Asamblea General de las Naciones Unidas (AGNU) el 27 de marzo de 2014. A raíz del incidente en el estrecho de Kerch de 2018 que impidió el paso libre de barcos militares ucranianos y provocó la interrupción del tráfico comercial desde el Mar

Negro hasta el Mar de Azov, Japón apoyó otra resolución de la Asamblea General de las Naciones Unidas que condena el comportamiento ilegal de Rusia.

El segundo problema que preocupa a los japoneses se refiere a las transferencias de tecnología y equipos militares de Europa del Este a China. Estas transferencias corren el riesgo de alterar el equilibrio de poder en Asia y precipitar un enfrentamiento militar. Ucrania, con su vasto complejo industrial-militar desarrollado durante la época soviética, plantea un desafío particular a este respecto. Por ejemplo, en 1998, una compañía privada de Macao adquirió el portaaviones soviético Varyag perteneciente a Ucrania con el pretexto de que sería restaurado como un casino flotante. Sin embargo, más de diez años después, tras una amplia renovación y modernización, Varyag resurgió como Liaoning, el primer portaaviones operativo de China.

A medida que Ucrania se movió en 2014 para cesar la cooperación con Rusia en el sector industrial-militar, los riesgos de tales transferencias aumentaron. Sin Rusia como cliente tradicional, algunas compañías de defensa ucranianas con problemas de liquidez estaban buscando soluciones alternativas, incluso en China. Y Beijing se mostró feliz de intervenir y aprovechar el conflicto entre Rusia y Ucrania. Por ello, es importante para Japón prevenir cualquier fuga de tecnología militar u otras tecnologías cruciales a China desde Ucrania o desde otros países EaP económicamente vulnerables, lo que podría tener un impacto adverso en la situación de seguridad en y alrededor de Japón.

La tercera preocupación de Tokio es el programa nuclear de Corea del Norte que socava el régimen de no proliferación y pone en peligro directamente la seguridad nacional de Japón. Por un lado, para Tokio es de vital importancia continuar ganando apoyo político y diplomático en foros internacionales de todo el mundo, incluida Europa del Este, para frenar el avance de Corea del Norte en materia nuclear.

En este sentido, la guerra en Ucrania plantea una seria pregunta sobre cómo convencer a Corea del Norte para que acepte eliminar su arsenal nuclear, dado que Rusia incumplió su compromiso adquirido en el Memorando de Budapest que garantizaba la seguridad e integridad territorial de Ucrania a cambio de que Kiev renunciara a sus armas nucleares. De hecho, hay pocos incentivos para que Corea del Norte acepte la desnuclearización después de la anexión de Crimea. La lección probablemente extraída en Pyongyang es que las armas nucleares son la máxima garantía contra los intentos de los rivales de orquestar un cambio de régimen en Corea del Norte. Esto pone a Japón en una posición diplomática difícil.

En cuanto a la relación de Japón con Rusia, recordaremos que desde el final de la Segunda Guerra Mundial, una de las tareas diplomáticas más desafiantes para Japón ha sido resolver una disputa territorial con Rusia alrededor de los llamados Territorios del Norte, un puñado de islas frente a la costa de Hokkaido que, según Tokio, la Unión Soviética se incorporó unilateralmente bajo ocupación sin ningún fundamento legal. El primer ministro electo Shinzo se ha esforzado por construir una buena relación personal con su homólogo ruso, pues, en su opinión, es una de las condiciones previas clave para un posible acuerdo futuro.

El dilema se ha profundizado aún más desde la anexión de Crimea por parte de Rusia y el conflicto armado en el este de Ucrania. Por un lado, este fue un caso claro de cambio de status quo por la fuerza, que Japón ha condenado. Por otro lado, Shinzo Abe se mantuvo comprometido con su objetivo de involucrar a los líderes rusos para impulsar las negociaciones sobre las islas en disputa. Además, a medida que Rusia se acercó aún más a China después de 2014, Japón también buscó desalentar activamente este acercamiento chino-ruso.

La ambivalencia de Tokio se reflejó claramente en las sanciones que Japón impuso a Rusia. En comparación con las aplicadas por Estados Unidos y la UE, las japonesas se introdujeron dos meses después, fueron mucho más suaves y de alcance más limitado. De esta forma, Japón deseaba enviar la señal a Rusia de que Japón apostaba por mantener el diálogo, al mismo tiempo que ejercía presión diplomática sobre Rusia en concierto con los Estados Unidos y la UE contra el cambio de las fronteras territoriales por la fuerza. A pesar de, este complejo juego de equilibrio no le dio resultados a Japón, ya que Rusia no alteró su enfoque hacia China y las conversaciones sobre la disputa territorial no han progresado.

Todo lo expuesto nos lleva a concluir que Japón y la Unión Europea son poderes afines que a nivel global favorecen el multilateralismo y la primacía del derecho internacional. Junto a ello, los objetivos de política exterior de Japón en el vecindario oriental de la UE se superponen claramente con los de Bruselas.

Japón sigue de cerca la discusión en curso en la UE sobre el camino a seguir con respecto a Europa del Este. La región, en estos momentos, no tiene una perspectiva clara de unirse a la UE, mientras que Rusia está trabajando activamente para devolverla a su propia esfera de influencia, y China está construyendo silenciosamente su propio proyecto geoeconómico allí. Al final, esta parte de Europa del Este controlada por Rusia y China se traduce en el escenario menos deseable para Japón.

Esto hace que la coordinación entre Japón y la UE en esta zona de Europa del Este sea más urgente y vital en la próxima década. Sin embargo, actualmente no existe un diálogo continuo entre Japón y la UE sobre las políticas a seguir respecto a los Estados de la Asociación Oriental. Si ambas partes consideran necesario hablar sobre el EaP, hay muchos formatos de diálogo posibles. Uno lo proporciona el Acuerdo de Asociación Económica entre la UE y Japón, en el cual se prevé que el Comité Conjunto en el que participan ambas partes se pueda utilizar para intercambiar puntos de vista sobre cuestiones de interés común. Incluso, la UE podría invitar a Japón a las Cumbres EaP en calidad de observador, en caso de que surja tal necesidad.

En este sentido, el área de colaboración más prometedora parece ser el de las infraestructuras. La UE, junto con los seis países e instituciones financieras de la Asociación Oriental, ya ha elaborado el denominado Plan de Acción para la Inversión de la Red Transeuropea de Transporte (RTE-T), y aquí se podría encajar la inversión japonesa.

Una segunda área de posible cooperación entre la UE, Japón y los países EaP podría ser el turismo, que tiene un gran potencial para impulsar el crecimiento económico y la creación de empleo a través de efectos indirectos en otros sectores.

Japón y la UE son socios naturales en esta parte de Europa del Este. Sin embargo, el potencial para construir sinergias entre las políticas de cada uno no ha sido completamente explorado y explotado. Dado el devenir actual del contexto internacional, con Estados Unidos renunciando a liderazgos, la lucha por la hegemonía entre estadounidenses y chinos y una economía internacional con nubarrones, es hora de que ambos participen en discusiones más estratégicas sobre la mejor manera de colaborar en el extremo de Europa Oriental.

LA HORA DE LA AUTONOMÍA ESTRATÉGICA DE EUROPA

En anteriores ocasiones nos hemos referido a la autonomía estratégica de Europa en sus diversas esferas (defensa, tecnología, industria, sistema monetario, etc.), a los problemas derivados de los huecos en la regulación en materia de competencia y de inversión en la Unión Europea (UE) por parte de actores económicos foráneos o, por ejemplo, a la necesidad de que Europa lidere la lucha contra el cambio climático. Pero la pandemia de la COVID-19 ha trastocado y acelerado las tendencias que se estaban dibujando en el orbe previamente a su aparición, como también hemos reiterado en oportunidades precedentes.

Sin embargo, tras la crisis económica y social provocada por el coronavirus, y ante el aumento del proteccionismo y la competencia económica a nivel mundial, agravada por la recesión económica y las tensiones geopolíticas (especialmente, la nueva guerra fría entre Estados Unidos y China), la UE debe fomentar, definitivamente, su capacidad para actuar de manera más estratégica y autónoma.

Como paso siguiente al acuerdo alcanzado por los socios de la UE sobre el plan de recuperación del 21 de julio de 2020, ha llegado la hora de que el club europeo impulse su autonomía estratégica. Es esencial para promover los intereses del Viejo Continente y reforzar la "soberanía europea". Como parte de este esfuerzo, la UE debería hacer un uso más activo de sus políticas comerciales y de inversión. Eso requiere prepararse para choques y prácticas comerciales desleales, empoderar (como se dice ahora) a Europa aprovechando su mercado único y comprometerse internacionalmente para mantener el comercio basado en normas y en un orden internacional estable.

Tras el baño de realidad recibido por parte de su aliado estadounidense (a nivel de defensa y comercial) y tras la desmitificación de un sobrevalorado no-socio chino, para promover la autonomía estratégica, la UE debería, primero, fortalecer y modernizar sus instrumentos de defensa comercial al tiempo que garantiza la viabilidad del acuerdo de apelación temporal establecido para hacer frente al bloqueo del Órgano de Apelación de la Organización Mundial del Comercio. En segundo lugar, la UE debería mejorar la igualdad de condiciones para todas las empresas dentro de su mercado único, garantizar la reciprocidad en el acceso al mercado, evaluar la inversión extranjera directa de manera más estratégica a nivel de la UE y hacer cumplir más estrictamente sus acuerdos de libre comercio. Por último, la UE debería continuar potenciando su presencia en acuerdos internacional, modernizar sus redes de tratados de libre comercio y volver a centrar su política comercial en menos prioridades.

En resumen, la autonomía estratégica no debe conducir a la desconexión y el aislamiento, sino que debe tratar de construir una posición más fuerte para la cooperación y la asociación.

Las políticas comerciales y de inversión son solamente una de las varias herramientas que tendrían que movilizarse a nivel de la UE para hacer frente a la competencia y promover la cooperación en un mundo post-COVID. Lógicamente, la agenda de la autonomía estratégica de Europa requiere un enfoque mucho más amplio, que incluya políticas industriales, tecnología e innovación, y de seguridad y defensa. Estos son los principales bloques para la construcción de una Europa soberana, y que pueden dar forma a su futuro

En aras a tal fin, y por resumir lo expuesto, parece útil que Bruselas y los Estados miembros se centren en tres acciones:

1) Fortalecer la cohesión y la resistencia de Europa a la competencia multidimensional y prácticas comerciales más agresivas. Para la política comercial de la UE, esto se traduce en herramientas más ofensivas que hagan frente al aumento de las medidas proteccionistas que atacan o afectan a Europa. Aunque el multilateralismo y la cooperación deben seguir siendo las opciones preferidas para abordar las diferencias y disputas, la UE también está obligada a sopesar los medios para actuar unilateralmente si es necesario. Esto incluye revisar o desarrollar nuevos instrumentos de defensa comercial para disuadir a terceros países de adoptar medidas distorsionantes y responder a prácticas comerciales desleales. Los europeos no pueden estar eternamente en un "soft power".

2) Aprovechar el potencial sin explotar del mercado único y la acción conjunta de la UE y sus Estados miembros para aumentar el crecimiento, ampliar las capacidades y garantizar una competencia leal a nivel mundial. Para hacer fuerte a Europa, la política comercial de la UE debe aspirar a lograr condiciones de igualdad con socios y competidores. Esto incluye dotarse de nuevos instrumentos para abordar los subsidios desleales, ampliar el acceso de los europeos a mercados amplios,

implementar acuerdos comerciales y, como hemos apuntado, establecer una evaluación adecuada de la inversión extranjera directa en sectores estratégicos clave.

3) Reforzar el papel de Europa en la defensa de la cooperación basada en normas y un orden internacional estable. Para la política comercial de la UE, el compromiso y la cooperación internacionales deben seguir siendo un objetivo estratégico general. Queremos insistir en que la autonomía estratégica no debe conducir a la desconexión y el aislamiento. Si bien las soluciones multilaterales a menudo están fuera del alcance en un contexto internacional polarizado como el que se bosqueja actualmente, la UE debe continuar buscando preservar y expandir los regímenes multilaterales de comercio e inversión. Esto requiere igualmente operar a través de coaliciones más pequeñas de actores afines que estén abiertos a cooperar con otros.

La UE es el mayor mercado mundial y está llamada a jugar el papel de liderazgo que le corresponde. Pero también la comunidad internacional necesita el factor de equilibrio, de responsabilidad y de respeto a unos valores que Europa representa, y que no se pueden dejar al albur de otros actores de menos fiar, como puedan ser Estados Unidos o China. Es por lo que Europa precisa despojarse de sus complejos y desarrollar su propia autonomía estratégica.

LA NUEVA ESTRATEGIA DEL BANCO CENTRAL EUROPEO

El Banco Central Europeo (BCE) nunca deja de estar de actualidad. Recientemente, su presidenta, Christine Lagarde, ha afirmado que la solución a los países de la eurozona en esta crisis extrema del coronavirus debe buscarse más allá de la política monetaria.

No en vano el Banco Central Europeo ha decidido seguir los pasos de la Reserva Federal de Estados Unidos y ha lanzado una revisión en profundidad de su estrategia de política monetaria. Al mismo tiempo, parece lógico que los bancos centrales deberían ser conscientes de las posibles alteraciones en su entorno operativo al contemplar cambios fundamentales en su enfoque.

Dado que las estrategias para abordar el cambio climático son una de las cuestiones más importantes de nuestro tiempo, y dado que Bruselas ha fijado como columna vertebral de las acciones de recuperación económica el cambio climático, y que los Estados miembros de la Unión Europea se han comprometido a que sus economías serán neutras en carbono para 2050, el BCE debe pensar de qué manera su marco de política monetaria podría ayudar con esa transición.

Si bien el Tratado de Funcionamiento de la Unión Europea estipula que mantener la estabilidad de precios es el principal objetivo del Sistema Europeo de Bancos Centrales, también sostiene: "Sin perjuicio de ese objetivo... el SEBC apoyará las políticas económicas generales en la Unión con la idea de contribuir al logro de los objetivos de la Unión según establecidos en el Artículo 3 del Tratado de la Unión Europea". De acuerdo con el Artículo 3, la Unión "trabajará para… una economía de mercado social altamente competitiva, apuntando al pleno empleo y al progreso social, y a un alto nivel de protección y mejora de la calidad del medio ambiente".

Obviamente, una economía descarbonizada no se puede lograr sin cambios estructurales profundos. En este sentido, la crisis de la COVID-19 ha ofrecido un golpe de realidad. Mientras que el Fondo Monetario Internacional estima que la pandemia reducirá el PIB global este año en alrededor del 4,9%, la Agencia Internacional de la Energía anticipa una reducción global del 8% en las emisiones de dióxido de carbono. Sin embargo, la reducción de emisiones de esa magnitud debe producirse todos los años entre hoy y el año 2030 si queremos tener alguna oportunidad de mantener las temperaturas promedio globales a no más de 1,5°C de los niveles preindustriales.

Además de las pérdidas humanas, la recesión global ha impuesto una enorme carga sobre las finanzas públicas. Por tanto, lamentablemente, los expertos vaticinan que, hoy por hoy, el cambio climático se puede encarar exclusivamente reduciendo la actividad económica. Con lo cual, revisar los sistemas de producción existentes será absolutamente necesario. Es decir, la única manera de alcanzar emisiones netas cero en 2050 es transformando la forma en que producimos, transportamos y consumimos.

Una de las fórmulas más eficientes de hacerlo, quizás la única, es aumentar el precio del carbono acelerando al mismo tiempo el ritmo de la innovación tecnológica. Pero esta estrategia inevitablemente originaría shocks de demanda importantes. El coste de los insumos, particularmente la energía, se volverá más volátil en tanto suba el precio del carbono y las energías renovables reemplacen gradualmente a los combustibles fósiles. Y, más allá de la energía, el transporte y la agricultura también serán objeto de grandes cambios potencialmente disruptivos en los precios relativos. Es decir, cambios que producen una ruptura en el desarrollo de la actividad de estos sectores para propiciar una renovación radical.

Sea cual sea el marco monetario que acuerden los bancos centrales, dicho marco deberá contemplar los mencionados grandes cambios estructurales y los efectos de los precios relativos introducidos por la descarbonización. Un tema más técnico surgirá en torno a que como no es posible mantener una pauta o tasa constante de incremento en todos los precios, entonces, qué índice de precios estabilizar.

En cualquier caso, previendo los cambios estructurales importantes que existen por delante, la primera tarea del BCE es obvia. Llegó el momento de que cambie sus mediciones por un índice de precios básicos, para que su estrategia sea más apropiada para la agenda climática y de descarbonización de la Unión Europea.

Al margen de esta jerga de economistas y por no entrar en disertaciones muy técnicas, el BCE deberá de intentar apoyar con sus políticas el gran salto y lastre que para las economías de los países europeos supondrá atenerse a los objetivos de control del cambio climático.

Por otro lado, sería oportuno que ante el nuevo escenario que planteará el "después de la pandemia", el BCE también contemple en sus estrategias monetarias y de apoyo los otros sectores vitales para la continuidad del bienestar europeo. Y aquí podemos incluir, como mínimo, la salud, la seguridad y defensa europea y la tecnología digital.

LA UE Y LOS CISNES NEGROS: LA COVID-19

Los sucesos denominados "cisne negro" fueron teorizados por Nassim Nicholas Taleb en su libro "El Cisne Negro". Con este término Taleb se refiere a casi todos los grandes descubrimientos científicos, hechos históricos y logros artísticos que se caracterizan por no tener dirección y ser inesperados. Taleb menciona como ejemplos de sucesos cisne negro internet, el ordenador personal, la Primera Guerra Mundial o los atentados del 11 de septiembre de 2001.

Después de la crisis de 2008 en la Unión Europea (UE) ha crecido el temor a un posible cisne negro. Con el brote del coronavirus COVID-19, ese miedo se han hecho realidad. Y la pandemia de la COVID-19 no es una simple y teórica prueba de estrés. Posiblemente afecte a todo el planeta y conduzca a una desaceleración sincronizada del crecimiento, o inclusive a una recesión a nivel mundial. Tengamos en cuenta que las recesiones sincronizadas casi siempre son más profundas y duraderas que las crisis que afectan a las economías de un único país. Y lo que es peor, hieren muy particularmente a las economías abiertas como la de la UE. Asimismo, esta situación se agrava todavía más, dado que todos sus Estados miembros se verán afectados y tendrán muchas menos posibilidades de ayudarse mutuamente, como sucedió durante la crisis de la eurozona de 2010.

Es difícil predecir cómo se desarrollará la epidemia, pero esa incertidumbre exacerbará las consecuencias económicas al torpedear la inversión y el consumo de los hogares.

La crisis provocada por este virus alterará las relaciones sociales, los movimientos de mercancías y desacelerará el comercio global, con los obvios efectos prediciblemente negativos en los beneficios empresariales y en el empleo. Así, sectores como el turismo y el del transporte se han visto particularmente afectados, debido no sólo a las restricciones a los desplazamientos entre países dispuestas por los ejecutivos de cada Estado, sino también a un distanciamiento social voluntario y a la reducciones de los movimientos dentro de cada país. Como resultado de lo anterior, la demanda general de hundirá. Lo cual ya se ha reflejado en el desplome de los precios del petróleo; como siempre, eso es un presagio de una recesión global.

China parece haber logrado controlar nuevas infecciones. No obstante, la cifra de casos sigue aumentando en otras partes. Por lo tanto, salvo que se pueda dar un giro inesperado a esta evolución, es bastante seguro que los efectos económicos se prolonguen en el tiempo.

Un escenario más probable es que el zarpazo de la COVID-19 ponga a prueba el aguante de los sistemas de salud pública, las relaciones laborales y los mecanismos de solidaridad, formales e informales, en toda la UE. Y si, como hemos apuntado, a la pandemia no se responde con políticas agresivas y oportunas, sus efectos probablemente sean perdurables en el tiempo, especialmente si se activan los mecanismos de amplificación.

Como punto positivo debemos resaltar que, gracias al trabajo hecho durante la anterior crisis y a una mejor regulación, los bancos están más capitalizados para resistir que en 2008, cuando estalló la última crisis financiera global. En contrapartida, ciertos Estados miembros continúan con serias deficiencias, y la capacidad de resistencia de sus pequeñas y medianas empresas (PYMEs) es dudosa. Esto es visible en el sector industrial, en el

que las PYMEs ya están sufriendo las consecuencias del virus.
Y en el caso de una crisis prolongada, el daño ocasionado
terminará apareciendo en los balances de los bancos.

Entre los socios de la UE, la capacidad de articular una respuesta
efectiva y de sobrellevar un daño inevitable varía en función de
cada Estado miembro. Pero, incluso en los Estados miembros
más sólidos, las medidas unilaterales sólo tienen un potencial
limitado. El único camino para sobreponerse a la crisis pasa por
una acción coordinada del bloque de los 27 del club europeo,
especialmente en el frente fiscal. Sin embargo, eso no implica
permitir que los Estados miembros tengan unos déficits fiscales
mayores. Tal medida podría ayudar en alguna medida, aunque
afectaría a las primas de riesgo de algunos países. Hace diez años
Europa aprendió que esto amenaza la propia supervivencia de la
eurozona y exacerba la crisis y aboca a una segmentación
financiera.

En cuanto a la política monetaria, ésta puede ayudar de
diferentes maneras ofreciendo liquidez cuando sea necesario. En
este sentido, los responsables de la política monetaria pueden
implementar operaciones específicas dirigidas a los bancos que
prestan recursos a las PYMEs. Actualmente y en términos más
generales, los expertos abogan por medidas de los bancos
centrales que compensen la presión bajista sobre las expectativas
de inflación como consecuencia de la caída de los precios del
petróleo.

Sin embargo, lo que la UE necesita urgentemente es un estímulo
fiscal coordinado que saque provecho de su poder de
financiación conjunta. El problema es que en estos momentos no
hay un instrumento que respalde a los Estados miembros cuando
se producen grandes sacudidas como la de la COVID-19. Si bien

el Mecanismo Europeo de Estabilidad podría activarse en un escenario apocalíptico y extremo, utilizarlo como una herramienta de gestión de la demanda es inadecuado. Y el Fondo Europeo de Solidaridad es demasiado pequeño para poder colmar este objetivo.

Visto lo cual, la pandemia de la COVID-19 constituye una oportunidad para que la UE cree un mecanismo de gestión de crisis que sea poderoso y que aúne los recursos de los Estados miembros y los canalice hacia una política fiscal coordinada de mayor volumen, alcance y eficacia. Esta iniciativa de constituir un fondo de seguro así conformado no es una novedad, ya que varios economistas defendieron tal idea después de la última crisis.

La UE siempre ha tendido a hacer los mayores progresos en tiempos de dificultad. Y el brote de la COVID-19 es un tiempo muy difícil. Hoy y ahora es el momento para que la UE emprenda una acción coordinada rápida que capitalice un impulso para completar los mecanismos que necesita a fin de facilitar una acción aún más efectiva en estos supuestos tan adversos como la COVID-19.

Por otra parte, el contexto geopolítico actual debe forzar la motivación de Europa para impulsar su capacidad de gestión de cualquier crisis. Pensemos que en 2008 predominaba la cooperación internacional, y Estados Unidos era un socio leal y fiable para Europa. Entonces, cuando los bancos europeos necesitaron desesperadamente dólares estadounidenses, se crearon rápidamente mecanismos de canje de monedas para salvaguardar la estabilidad financiera. Por el contrario, en el presente, manda el aislacionismo, y Estados Unidos ha tomado unilateralmente la delantera. La Reserva Federal de Estados Unidos no consultó a sus socios antes recortar los tipos de interés ante la emergencia del momento actual. Y estremece pensar qué sucedería si los bancos europeos necesitaran con urgencia financiación en dólares en este nuevo contexto.

La COVID-19 tiene que ser una advertencia muy seria para los gobiernos de los Estados miembros de la UE. Sin duda, la letal combinación de degradación ambiental y profunda interconexión económica ha conducido a que el mundo sea más vulnerable que nunca con anterioridad a las sacudidas repentinas y de gran escala. La UE en su nueva etapa tiene la ineludible obligación ante sus ciudadanos de garantizar que puede dar una respuesta a cualquier cisne negro.

MÁS QUE UNA POLÍTICA INDUSTRIAL EUROPEA

La idea de una política industrial europea no es algo nuevo en la agenda de la Unión Europea. Un ejemplo claro de ello es Airbus. Pero desde el "Manifiesto bilateral para una política industrial acorde al siglo XXI" de 19 de febrero de 2019, firmado por Alemania y Francia, parece que Europa quiere tomarse en serio este tema. No obstante, mientras que el manifiesto franco-alemán se centra en la competitividad global, ahora algunos expertos plantean como otro argumento igual de sólido para reactivar la política industrial el que es necesaria para la supervivencia del euro, y más aún para la recuperación de la economía del Viejo Continente tras la dura pandemia de la COVID-19.

Este último argumento se basa en que, desde la introducción de la moneda única, la porción industrial en la economía en términos de valor agregado se ha mantenido estable en Alemania mientras que ha registrado un marcado declive en Francia, España e Italia. Además, con la contundente respuesta de política económica que Alemania ha dado para superar la crisis de la COVID-19 en el país germano esta tendencia se va a incrementar.

Recordemos que Estados Unidos representa el 85% de los trabajos de investigación sobre inteligencia artificial publicados, mientras que todos los países europeos sólo alcanzan el 7%. Las estrategias de innovación nacional de los países europeos todavía continúan muy fragmentadas y desconectadas, y se están quedando atrás respecto a las de estadounidenses y chinos. Por otra parte, pese a los esfuerzos emprendidos en ámbitos cada vez más prioritarios, como es la ciberseguridad, el panorama no es mejor.

Igualmente, Europa debería ser estratégica en cuanto al espacio, porque ahí es donde se decidirá la carrera de las comunicaciones, la geolocalización y las tecnologías de vehículos autónomos, por no hablar de los conflictos militares. Sin embargo, el fabricante de cohetes europeo ArianeGroup se deshizo del 25% de su personal, debido a la obsesión de los Estados miembros por obtener rendimientos a corto plazo para ellos mismos.

Pero ahora en lo que hay que insistir es en que la industria, incluyendo los servicios digitales, es la clave para aumentar la productividad. Esto nos afecta directa y profundamente porque implica que los Estados miembros del sur de la Unión Europea necesitan urgentemente una reactivación industrial. De lo contrario, su falta de competitividad aumentará los desequilibrios dentro de la eurozona, e incrementará las transferencias de norte a sur. Lo cual es grave porque amenaza la sostenibilidad de la eurozona.

En este horizonte y para afrontar el problema, Francia podría permitirse inyectar miles de millones de euros para respaldar su industria (automotriz principalmente). Italia quizás reactivando su potente sector exterior sortee el obstáculo. En cambio, todo indica que a España le es más difícil reaccionar. Bruselas ya le ha advertido que con su hipertrofiada deuda pública y su gasto (no productivo y sin relación con el estado de bienestar) excesivo no podrá crecer convenientemente ni crear el empleo necesario. Tampoco ayuda el hecho de que la normativa española está fragmentada en 17 normativas diferentes para cada Comunidad Autónoma. Y esto es así aunque, aparentemente, el Plan de Recuperación para Europa Next Generation EU ofrece la oportunidad de reactivar la industria europea del sur y, también, de adentrarla en un futuro digital y sostenible.

Por otra parte, Europa debería tratar de que la industria continental no sólo sea competitiva a nivel global, sino también más equilibrada geográficamente. Al mismo tiempo, la atención tiene que centrarse en los mismos sectores clave identificados en el manifiesto franco-alemán. Es decir, salud, energía, clima, seguridad y tecnología digital, con iniciativas específicas en microelectrónica, baterías e inteligencia artificial (IA).

Quizás, el gran reto a futuro de la Unión Europea, y de sus instituciones rectoras, radica en la falta de soberanía digital de Europa. El dominio europeo de la inteligencia artificial, el Big Data y las tecnologías afines marcarán su competitividad y preeminencia en el siglo XXI. Esta cuestión determinará la supervivencia o el declive de Europa.

Pese a los avances realizados, Europa ha sido lenta y deberá salvaguardar su soberanía digital realizando inversiones masivas en capacidad de computación en la nube y otros recursos físicos que sustentan la revolución digital. Su desafío es alcanzar a Estados Unidos y China tratando de no quedar atrás permanentemente.

Últimamente, resalta que la carencia básica de falta de competitividad tecnológica de Europa no es solamente el resultado de la política de competencia de la UE, sino que es debido a que tiene un mercado digital profundamente fragmentado, que hace que a las empresas les resulte imposible beneficiarse de las economías de escala dinámicas, lo cual les impide ofertar los mismos productos que los estadounidenses.

Igualmente negativo es que Europa también tiene políticas de contratación pública profundamente fragmentadas. Es esta fragmentación, no la competencia exterior lo que provoca la ausencia de "paladines" europeos.

La crisis financiera global de 2008 renovó el interés en la política industrial, y la pandemia de la COVID-19 ha subrayado sus potenciales ventajas como un medio para impulsar la competencia, promover objetivos de sostenibilidad, asegurar las cadenas de suministro y aumentar la resiliencia económica. La pandemia ha hecho de la autonomía tecnológica y de la estabilidad de la cadena de valor las principales prioridades, no sólo en Europa, sino en todo el orbe.

Otra misión fundamental de la política industrial es su papel en el traslado de recursos de sectores decadentes y obsoletos a sectores emergentes y viables. Sin un abordaje estratégico, la ayuda estatal al sector privado terminará creando más empresas zombis que deberían haber quebrado. Con lo cual se habrán desperdiciado los recursos públicos europeos y nacionales que, por ejemplo, se inyecten para mantener los puestos de trabajo y la viabilidad de las empresas trastocados por la pandemia de la COVID-19.

La inferioridad en la que Europa se halla requiere un cambio fundamental en la estrategia. Las instituciones de la Unión Europea, además de aportar fondos, deberán liderar este cambio mediante el establecimiento de regulaciones más afinadas y, junto con los Estados miembros, proporcionar los incentivos pertinentes. Aún más, asegurar la soberanía digital de Europa requerirá un impulso mucho mayor e implicar a empresas, investigadores y políticos.

En ese sentido, debería utilizarse la política industrial para coordinar las inversiones. Así, industrias clave como la de los vehículos eléctricos dependen no solamente del sector automotriz sino también de sectores que van desde la inteligencia artificial y el 5G hasta la fabricación de baterías y las infraestructuras (estaciones de carga). Lograr una competitividad global en esta industria, como en todas, exige, por ende, inversiones complementarias de gran alcance y una fuerza laboral altamente cualificada. Asimismo, será necesaria una cooperación público-privada.

Finalmente, hay que poner de relieve que la UE (y especialmente la zona euro) necesita una política industrial que fortalezca la competencia interna. Y junto a ello, como ya hemos apuntado, la UE debe impulsar la industria de Europa del sur, a la vez que defiende su compromiso con los mercados abiertos a nivel internacional.

PLAN DE RECUPERACIÓN PARA EUROPA: LA OTRA CARA DE LA MONEDA

La situación que la pandemia del coronavirus ha dejado en las economías de los Estados miembros de la Unión Europea (UE) presenta un balance peor de lo esperado. A esto se suma que el entorno augura una recuperación más difícil que la predicha en un principio. Y junto a ello, la realidad de España, por su peso en el bloque del euro y por destacar negativamente entre los países afectados por la COVID-19, supone un lastre para sí misma y una amenaza para el conjunto de sus socios de la eurozona. Por todo ello, puede ser un sano ejercicio contemplar la otra cara de la moneda que ofrecen los expertos menos optimistas con el Plan de Recuperación para Europa Next Generation EU, a la vez que plantear algunas reflexiones sobre la expectativa de su aplicación.

En primer lugar, debemos reafirmar que la gestación misma y el logro del acuerdo alcanzado el 21 de julio de 2020 sobre dicho Plan de Recuperación constituyen un hecho histórico. Independientemente del resultado concreto, es un mojón más en el proceso de construcción europea que, sin duda, representará un sólido precedente para otros avances futuros en el ámbito de la integración fiscal.

En segundo lugar, como hemos apuntado, cabe preguntarse por su efectividad en función del desarrollo de la dinámica de los acontecimientos económicos y sociales en Europa. En base a esto, quizás conviene hacer una reconsideración sobre sus dos puntos débiles que podrían restarle eficacia e implicar un cierto escollo para la propia existencia de la eurozona.

Algunas voces críticas señalaron desde el principio que el plan era escaso. Estas voces han aducido que el instrumento Next Generation EU carece de condiciones para una sostenibilidad fiscal a largo plazo, destacando entre ellas un mecanismo ordenado de reestructuración de la deuda soberana (SDRM por sus siglas en inglés).

Además, es cierto que el componente de subsidios de 390.000 millones de euros del fondo de recuperación representa apenas el 2,8% del PIB de 2019 de la UE-27. E incluso si contamos el componente de préstamos de 360.000 millones de euros, y los 100.000 millones de euros en préstamos a través del programa SURE, el total sólo alcanza un exiguo 6,1% del PIB.

De todas formas, la sombra más negra viene a ser que los gobiernos nacionales con dificultades fiscales necesitan un respaldo financiero de inmediato, y el fondo de recuperación no pondrá fondos a disposición de los Estados miembros hasta 2021, aunque el programa SURE, relativamente insignificante, ya está operativo. Por otra parte, otra debilidad surge de que los gobiernos europeos no pueden esperar mucha ayuda real del presupuesto de la UE para el periodo 2021-2027, puesto que materializa no más del 1,1% del PIB anual de la UE y no está pensado para ofrecer financiación adicional para la crisis de la COVID-19.

Con todo, sin duda, Next Generation EU podría ser importante desde una perspectiva a más largo plazo si se estableciera un precedente basado, bien en programas intergubernamentales regulares de redistribución fiscal, o bien en un verdadero mecanismo fiscal supranacional propio de la UE. Así, un nuevo mecanismo conjunto que pudiera endeudarse, gastar y gravar siguiendo reglas claras, y con una responsabilidad adecuada ante el Consejo Europeo y el Parlamento Europeo, simbolizaría un paso importante hacia adelante. Pero ese desenlace es extremadamente improbable por ahora. Después de todo, la UE ha otorgado préstamos a sus socios fuera de la eurozona desde 2002 bajo el "Mecanismo de ayuda financiera a medio plazo a la balanza de pagos de los Estado miembros" y ni siquiera eso ha llegado a estimular el desarrollo de la capacidad fiscal de la UE.

Igualmente, los más críticos argumentan que, como es sabido, existe una distancia muy considerable, casi existencial, entre las posturas de los "cuatro frugales" (Austria, Dinamarca, Holanda y Suecia) y los gobiernos de los países del sur de la UE, como Italia, Portugal y España. Dado lo cual, es extremadamente improbable que Next Generation EU conduzca efectivamente a una unión fiscal significativa a largo plazo. Asimismo, debemos reconocer que el Consejo Europeo ha dejado claro que este fondo es "una respuesta excepcional" a "circunstancias temporales pero extremas", y que el poder de endeudamiento de la Comisión Europea sigue siendo "claramente limitado en tamaño, duración y alcance".

En consecuencia, la ausencia de un mecanismo fiscal relevante propio de la UE, o inclusive a nivel de la eurozona, deja a la Unión (especialmente a la zona euro) ante un riesgo constante de defaults de deuda soberana nacional a consecuencia de la falta de instrumentos de política monetaria nacional. También sería crucial que los subsidios y los préstamos asignados por Next Generation EU estuvieran condicionados a una sostenibilidad fiscal; sin embargo, parece que no es éste el caso.

En cambio, un aspecto más positivo es que las reglas fiscales del Pacto de Estabilidad y Crecimiento (que no ofrecía ni subsidios ni préstamos) han sido suspendidas. Ahora, en opinión de los expertos, se las debería eliminar de forma permanente y reemplazar por condiciones de sostenibilidad. Si bien permanece un riesgo de futuros incumplimientos soberanos, especialmente por parte de los países más endeudados en la eurozona.

Entonces, para evitar otra crisis de deuda al estilo griego, como ya hemos señalado en otras ocasiones, la mejor manera de lograrlo es convertir el Mecanismo Europeo de Estabilidad en un Fondo Monetario Europeo (FME), al que luego habría que darle la facultad de brindar apoyo financiero condicionado a los Estados miembros de la eurozona en dificultades. Así, un FME estructurado de esta manera debería poder administrar cualquier reestructuración necesaria de deuda soberana de manera ordenada.

Esta parece la vía más solvente para la eurozona, y la UE en general. Sin estas reformas, la amenaza de una desintegración siempre planeará sobre la Unión cada vez que se presente una crisis.

PLANTANDO CARA AL FUTURO

La situación económica mundial, que ya esbozaba serias dudas desde hacía un tiempo, no pinta nada bien a futuro tras la pandemia del coronavirus. Para reaccionar a este horizonte la Comisión Europea, avalada por un acuerdo previo entre Alemania y Francia, respaldado personalmente por Merkel y Macron, ha elaborado finalmente un plan de recuperación económica para Europa denominado "Next Generation EU" (Europe's moment: Repair and Prepare for the Next Generation) dotado de 750.000 millones de euros.

Este nuevo instrumento desmonta los temores de los críticos respecto al porvenir de la Unión Europea. Más allá de sus implicaciones económicas concretas, la propuesta demuestra una mayor agilidad de Bruselas respecto a la que demostró en la crisis de 2008, y reafirma un compromiso con la solidaridad por parte de las dos mayores economías de la UE, preparando así el terreno para un avance genuino hacia una verdadera unión fiscal.

Otra crisis ha significado otro paso adelante para el proyecto federalista europeo, pero éste no es exactamente el "momento hamiltoniano" que algunos anunciaron. Tarde o temprano será necesario revisar los acuerdos de la Unión Europea en orden a crear un marco para la coordinación eficaz de la política monetaria y fiscal, manteniendo simultáneamente la independencia del Banco Central Europeo.

Europa tiene el compromiso de liderar los esfuerzos internacionales tendentes a conseguir una sólida recuperación verdaderamente mundial. Sería lógico que esto se llevara a cabo a través de la coordinación con Naciones Unidas, el G20, el G7, el Fondo Monetario Internacional, el Banco Mundial y la Organización Internacional del Trabajo. Aunque la debilidad actual de estas instancias resalta más el papel que debe jugar la Unión Europea. Sobre todo por el clima de enrarecimiento creciente que la escena internacional soporta emanada de la tensión entre Estados Unidos y China.

Además, aunque la pandemia ha relegado a segundo plano cuestiones estratégicas, éstas también van a pesar mucho en el mañana más próximo, con su consiguiente repercusión en la economía europea e internacional. En este sentido, entre otros asuntos, hay que tener presente que Estados Unidos ha anunciado su retirada del Tratado de Cielos Abiertos, como ya hizo del Tratado de Fuerzas Nucleares de Alcance Intermedio. Este Tratado constituye uno de los pilares fundamentales dentro de las Medidas de Fomento de la Confianza y Seguridad (MFCS) que han permitido una evolución muy positiva en la construcción de un espacio geoestratégico más seguro y estable en todo el área OSCE, y muy especialmente en Europa.

Por otra parte, como indican economistas como Nouriel Roubini, hay ciertos indicadores que vaticinan una gran depresión en forma de L en los años venideros. A este futurible y a las consecuencias económicas derivadas de la pandemia de la COVID-19 debe de plantar cara el instrumento Next Generation EU.

Conviene recordar que estos expertos señalan que después de la crisis financiera de 2007-09 algunos gobiernos continuaron llevando a cabo políticas desacertadas, agravando de esta manera desequilibrios y riesgos muy extendidos en la economía global. Así, en vez de encarar los problemas estructurales surgidos por el derrumbe financiero y la recesión posterior, estos gobiernos, especialmente algunos del sur de Europa, han ido posponiendo la solución de dichos problemas; con lo cual debilitaron su capacidad de dar respuesta si se producía una nueva crisis. Nueva crisis que ha llegado en forma de virus.

Resumiendo los factores que atenazan la economía mundial, y europea en particular, citaremos los siguientes:

1.- El déficit y sus riesgos derivados: la deuda y el default. La respuesta oficial a la crisis de la COVID-19 implica un aumento enorme del déficit fiscal (del orden del 10% del PIB o más) en un momento en que los niveles de deuda pública en muchos países ya eran altos e incluso insostenibles.

2.- Un segundo factor es la bomba de tiempo demográfica. La crisis de la COVID-19 nos ha enseñado que es necesario asignar mucho más gasto público a los sistemas sanitarios, y la atención médica universal. Sin embargo, dado el envejecimiento poblacional de la mayoría de los países desarrollados, la financiación de esos desembolsos aumentará aún más las deudas implícitas de los sistemas de salud y seguridad social, que ya están con enormes problemas de financiación.

3.- El tercer elemento es el riesgo creciente de deflación. Además de causar una recesión profunda, la pandemia y su subsiguiente crisis también está creando un inmenso excedente en los mercados de bienes (máquinas y capacidad productiva no utilizada) y mano de obra (desempleo a gran escala), por no hablar del derrumbe de los precios de materias primas como el petróleo o los metales industriales. Eso hace probable una deflación de deudas, lo que aumenta el riesgo de insolvencia.

4.- Un cuarto factor será la pérdida de valor de la moneda. Los intentos de los bancos centrales de combatir la deflación y anticiparse al riesgo de un aumento de tipos de interés (debido a la masiva acumulación de deuda) harán que las políticas monetarias sean todavía más heterodoxas y expansivas.

5.- Una quinta cuestión es la disrupción digital de la economía en general. Con millones de personas perdiendo el empleo, o ganando menos, las disparidades de ingresos y de riqueza en el siglo XXI se profundizarán. Para protegerse de venideras perturbaciones en las cadenas de suministro, las empresas de economías avanzadas repatriarán la producción desde las regiones de bajo coste hacia los países con mayor coste laboral. Pero, en vez de favorecer a los trabajadores locales, esta tendencia acelerará la automatización, lo cual generará presiones bajistas sobre los salarios.

6.- Esto nos lleva al sexto factor importante: la desglobalización. Aquí, los economistas advierten de que la pandemia está acelerando tendencias hacia la balcanización y la fragmentación. Así, la mayoría de los países responderá con políticas todavía más proteccionistas para proteger a las empresas y a los trabajadores locales contra las crisis internacionales. El mundo posterior a la pandemia se caracterizará por restricciones más estrictas al movimiento de bienes, servicios, capital, mano de obra, tecnología, datos e información.

7.- La avanzada antidemocrática reforzará esta tendencia. Los líderes populistas a menudo capitalizan la debilidad económica, el desempleo a gran escala y la creciente desigualdad.

8.- Esto nos trae un octavo factor: el enfrentamiento geoestratégico entre Estados Unidos y China. El desacople chino-estadounidense en comercio, tecnología, inversiones, datos y acuerdos monetarios se intensificará.

9.- Para peor, esta ruptura diplomática creará condiciones para una nueva guerra fría entre Estados Unidos y sus rivales. No sólo China, sino también Rusia, Irán y Corea del Norte. Igualmente, dado que la tecnología es el arma clave en la lucha por el control de los sectores industriales del futuro y en el combate para acabar con una pandemia, el sector privado estadounidense permanecerá cada vez más ligado al complejo industrial de seguridad nacional. Lo cual no sucederá en Europa.

10.- Un último riesgo que no es posible pasar por alto es la disrupción medioambiental, que como la crisis de la COVID-19, puede causar mucho más daño económico que una crisis financiera. En los años venideros, las pandemias y los múltiples síntomas mórbidos del cambio climático serán más frecuentes, graves y costosos.

Estos diez riesgos, que ya eran ostensibles antes del coronavirus, ahora amenazan con impulsar una tormenta perfecta capaz de hundir a toda la economía mundial en una década de difícil tránsito. Para poner freno a estos peligros debe de jugar un papel preponderante una Europa unida como factor de equilibrio, sensatez y de referencia en el contexto de las naciones del mundo. La Unión Europea ya ha dado el primer paso con la puesta en marcha del instrumento Next Generation EU. El segundo paso es que los europeos tengan la visión y la ambición suficientes para completar el camino.

RESTAÑAR EL ATLANTISMO

Para quien tenga memoria histórica la situación actual le recordará el año 1948. En aquel momento, el alcalde de Berlín occidental, junto con sus conciudadanos berlineses, lanzaba un desesperado llamamiento a las democracias para salvar su ciudad. Stalin, que ese año había aplastado Checoslovaquia con un golpe de Estado comunista, quiso forzar el estrangulamiento de Berlín con un corte de comunicaciones y de suministros a los berlineses occidentales. En 1948 había elecciones en Estados Unidos. El partido republicano era partidario de desentenderse del resto del planeta y de no apoyar a Berlín ni al resto de Europa. Sin embargo, finalmente fue reelegido el demócrata Harry S. Truman, quien (pese a ciertas críticas que se le hacen) conocía Europa por haber luchado en Francia durante la Primera Guerra Mundial y dominaba bien la situación internacional por su desempeño durante la Segunda Guerra Mundial.

Finalmente, los Estados Unidos organizaron una red de vuelos de abastecimientos a Berlín, y al año siguiente se dio luz verde a la OTAN con su famoso artículo 5 del Tratado del Atlántico Norte: "Las partes convienen en que un ataque armado contra una o contra varias de ellas, acaecido en Europa o en América del Norte, se considerará como un ataque dirigido contra todas ellas...".

Parece que la Historia sea cíclica. Llegue o no llegue a repetir algún día en el cargo, durante su mandato como presidente de Estados Unidos, Donald Trump sembró el caos estratégico y su política exterior, si es que podemos darle tal nombre, redefinió el concepto "incoherencia".

Trump no sólo procuró mantener una relación estrecha con un dictador norcoreano con armas nucleares, cayó embelesado con el presidente ruso Vladímir Putin (en guerra política con Occidente), además defendió el Brexit e insultó a los aliados europeos de Estados Unidos (por no decir que se dedicó a debilitarlos).

En la Conferencia de Seguridad de Múnich de 2020, tanto el presidente francés, Emmanuel Macron, como el presidente alemán, Frank-Walter Steinmeier, reconocieron que el presidente Trump había dañado la esencia de la Alianza Atlántica. Su mensaje fue alto y claro: si Trump revalidaba su mandato en la Casa Blanca, la asociación histórica que durante mucho tiempo constituyó el "Occidente" geopolítico, nunca volvería a ser igual.

Francia y Alemania, por supuesto, tienen muchos motivos para estar en desacuerdo con Estados Unidos. Ya sea por las relaciones comerciales, por sus visiones sobre los acuerdos con Irán, o el enfoque menos belicoso de ambos países respecto de China. La lista se puede ampliar. Macron, que en noviembre de 2019 dijo que la OTAN estaba en "muerte cerebral", no ocultó que responsabilizaba al presidente norteamericano de la decadencia de la Alianza y la extendida sensación de confusión entre los socios, y aliados, de Estados Unidos.

Pero en París y Berlín, así como en el resto de Europa, la reacción contra Trump no era únicamente por sus intimidaciones, sus tácticas comerciales o su conflictividad, sino por algo más vital incluso. Los europeos percibían que el inquilino de la Casa Blanca estaba trazando un camino que rechazaba la relación de seguridad transatlántica y, a la par, sin consultar con nadie, retiraba a Estados Unidos de su papel de líder y árbitro central en el mundo.

Al igual que Truman, Biden abandonará el unilateralismo ilimitado. Sin embargo, incluso con un nuevo enfoque, el daño que hizo Trump no se solucionará fácilmente, ni alterará la percepción entre los líderes europeos de que el Viejo Continente, cada vez más, tendrá que arreglárselas solo.

Como los intereses del atlantismo actualmente abarcan todo el planeta, hay que recordar que el trato que Trump dio a los aliados de Estados Unidos en Asia fue una clara advertencia para los europeos, en el sentido de que debían prepararse para un mayor deterioro en la relación de seguridad con su otrora buen aliado.

A pesar de la amenaza nuclear norcoreana y el creciente poder de China, Trump trató de convertir las alianzas fundamentales de Estados Unidos con Corea del Sur y Japón en relaciones de pago por uso. Afortunadamente, Biden entiende lo que Trump no: que los acuerdos de defensa de los norteamericanos con esos países apuntalaron la estabilidad en Asia durante 70 años y rindieron a Estados Unidos pingües beneficios. Trump vio ambas relaciones como "malos negocios" y Biden tendrá que persuadir a los estadounidenses para abandonar esa diplomacia usurera.

El repliegue y el giro hacia Asia ya fue dado por el presidente Obama, pero Corea del Sur y Japón pueden dar fe de que "América primero" no fue solamente un eslogan. Este año hay que renegociar los Acuerdos de Apoyo de la Nación Anfitriona, que determinan los detalles de la presencia estadounidense en cada país donde cuenta con presencia militar. Trump amenazó insistentemente con retirar a las fuerzas estadounidenses de ambos países a menos que pagaran más por lo que llamó "protección estadounidense". Biden tendrá que trabajar duramente para recuperar la confianza de los coreanos y japoneses mientras trata de renovar esos acuerdos.

De hecho, Corea del Sur y Japón ya comparten costes de defensa mutua y aseguraron la presencia militar estadounidense en el noreste asiático durante décadas. Corea del Sur cubre más de 40% de los costes operativos de las fuerzas estadounidenses destacadas allí. Asimismo, se hizo cargo del 92% de la mudanza del comando estadounidense a nuevas instalaciones en las afueras de Seúl, con un coste de 10.700 millones de dólares, y el ejército surcoreano compra miles de millones de dólares de equipos militares estadounidenses. Por su parte, Japón aporta 2.000 millones de dólares al año para mantener a 54.000 soldados estadounidenses, compra el 90% de sus equipamientos militares a empresas estadounidenses y desembolsó 19.700 millones de dólares (el 77% del coste total) para la construcción de tres grandes bases.

Durante casi un año, la Administración Trump exigió que su contraparte surcoreana cuadruplicara el aporte actual de asistencia financiera de mil millones de dólares de su país a cambio del servicio recibido. Sumemos a eso las informaciones sobre la posible retirada de tropas, como el anuncio de que 12.000 soldados estadounidenses dejarían Alemania. Claramente, el gobierno de Biden no solo tendrá que diseñar una nueva estrategia de negociación, sino también reiniciar ex novo la garantía de seguridad estadounidense.

En fin, la elección de Biden indudablemente generó suspiros de alivio en Seúl y Tokio. Tan sólo con volver a tratar a los aliados como tales debiera producir muy buenos resultados para Biden.

Lamentablemente, el nefasto legado de Trump sobrevivirá a su partida. Y debido a que todo clama la atención de Biden, desde la asistencia sanitaria hasta el cambio climático, la política exterior seguramente quedará relegada frente a las prioridades locales. Lógicamente, solucionar los errores de los años de Trump llevará tiempo.

Lo que, sin duda, Donald Trump ha conseguido es incentivar la autonomía estratégica de la Unión Europea como nunca anteriormente. Desde luego, los europeos han aprendido que en materia de defensa y seguridad tienen que espabilar de una vez, tomar el toro por los cuernos y apostar por su propia defensa, sin denostar el papel de la Alianza Atlántica. Por otra parte, los europeos, para aquél a quien todavía no le fuera obvio, se han percatado de que este asunto también tiene implicaciones industriales, de empleo y de beneficio económico. Y ello sin olvidar la obligación moral del papel que Europa tiene que jugar en el mundo.

En cualquier caso, aunque Biden logre reflotar la relación con sus aliados europeos, las cosas no volverán a ser como antes, ni de la parte europea ni de la parte estadounidense.

Es entendible que el señor Trump quiera lo mejor para su país, pero él nunca dejó de ser lo que siempre fue: un especulador inmobiliario (quizás un jugador de ventaja). Y su legado en el atlantismo demuestra que algo tan importante como la Geopolítica (lo mismo que la construcción de Europa) no puede quedar en manos de aficionados.

UN DÍA DE EUROPA PARA LA HISTORIA

El 9 de mayo de 2021, Día de Europa, será una fecha recordada en la intrahistoria de la construcción europea, ya que comienza formalmente la Conferencia sobre el Futuro de Europa. Dicha conferencia, siendo la primera de este tipo, consiste en una serie de debates y discusiones protagonizados por los ciudadanos que permitirán a las personas de toda Europa compartir sus ideas y contribuir a configurar nuestro futuro común. Es un gran ejercicio democrático paneuropeo que ofrece un nuevo foro público, inclusivo y transparente en torno a una serie de prioridades y retos clave de la Unión Europea (UE).

La trascendencia de este proceso se pone de manifiesto en el hecho de que la Declaración conjunta relativa a la Conferencia sobre el Futuro de Europa fue firmada el pasado 10 de marzo por el presidente del Parlamento Europeo, David Sassoli, por el primer ministro de Portugal, António Costa, en nombre de la Presidencia del Consejo, y por la presidenta de la Comisión Europea, Ursula von der Leyen.

Aunque en principio no se ha querido manifestar de forma explícita, la Conferencia sobre el Futuro de Europa supondrá que *a posteriori* sería necesario una reforma de los Tratados mediante la convocatoria de una Convención Europea y de una Conferencia Intergubernamental a tal fin.

Este horizonte, dados los plazos preceptivos para todo el proceso, podría favorecer que fuera en la V Presidencia Española, que se desarrollará durante el segundo semestre de

2023, cuando se firmara el nuevo Tratado; con lo que, por primera vez, una ciudad española llevaría el nombre de uno de los Tratados constitutivos de la Unión Europea.

Históricamente, el proyecto de integración europea se ha forjado a través de la denominada "política de los pequeños pasos". En este camino, las dificultades que Europa ha encarado han terminado como lecciones aprendidas. Por no retroceder más en el tiempo, recordemos que, antes de la pandemia, la Unión Europea había remontado una serie de crisis calificadas de "existenciales". Primero, la crisis financiera y del euro. A continuación, la crisis migratoria. Y, acto seguido, el famoso Brexit. Pese a los agoreros, la UE no solamente ha sobrevivido a esta agitada década, sino que lo ha hecho como mejor sabe: profundizando en su integración.

Ciertamente, los europeos tenemos toda una serie de retos cruciales que son cada vez más evidentes. La forma de resolverlos podría resumirse en un concepto que lleva años sonando en círculos europeístas: el de "autonomía estratégica". Dicho término pretende sintetizar la esencia de Europa. Por un lado, la cooperación multilateral y, por otro, la voluntad y la capacidad de fijar sus prioridades y desempeñarse de forma autosuficiente.

En juego está, entre otras cosas, nuestra supervivencia como actor político de primer orden. Sin embargo, tenemos, o estamos en disposición de tener, suficientes activos materiales e inmateriales para asegurarnos un papel protagonista en el mundo, siempre y cuando utilicemos dichos activos de forma inteligente y cohesionada. Esto puede que no pase necesariamente por erigir de forma inmediata los "Estados Unidos de Europa", pero sí por persistir en el afán de fortalecer nuestro tronco común, haciendo del Viejo Continente el espacio próspero y seguro, bajo el paraguas del Estado de derecho, en el que las divisiones sean cosa del pasado. Un espacio en el cual, siendo referente en el contexto de las naciones, impere la libertad, la democracia y los derechos humanos.

UN VIRUS CONTRA EL MUNDO: JAQUE PERO NO MATE

Las plagas son una advertencia para que no creamos que existe un mundo o un futuro perfectos, cuando en realidad tanto el mundo como el futuro son, por definición, imperfectos. Nada se puede dar por hecho. Así, Albert Camus en su novela "La peste" dice: "Ha habido en el mundo tantas pestes como guerras y, sin embargo, pestes y guerras pillan a las gentes siempre desprevenidas".

Si buscamos en Google «Europa» y «crisis», encontraremos unos 784 millones de resultados. Esos términos están tan unidos que bien podría tratarse de un sustantivo compuesto. Con cada nueva eurocrisis, los comentaristas se preocupan, como no podía ser de otra forma, por la supervivencia del proyecto europeo. El problema es que con esta nueva crisis de la COVID-19, el asunto va más allá de Europa, al tiempo que es una gota que derrama un vaso lleno de tropiezos, y quizás la preocupación es más razonable.

Pensemos que en la superficie, muchas eurocrisis parecen similares. Es decir, los gobiernos europeos atraviesan las distintas fases del duelo: desde la negación y el enojo a la aceptación y búsqueda de una solución. Esto incluye que se culpa a los sospechosos de siempre: para los europeos del norte, el problema siempre está en el sur de Europa; para los del sur, los alemanes son los malos y China es un posible salvador.

En la crisis de 2008 (y otras anteriores), los líderes europeos, y mundiales, eran más "multilateralistas" y proglobalización. La crisis de la COVID-19 ha surgido con otra clase dirigente. Hay quienes sostienen que, mientras los líderes de la crisis financiera lograron rescatar a la Unión Europea del borde del abismo, es más probable que la generación del coronavirus la destruya.

Si concretamos todas estas ideas en un dibujo de la situación económica en el contexto general del planeta, comenzaremos por decir que los economistas más solventes, analizando los datos, concluyen que la sacudida producida por la COVID-19 a la economía global ha sido más rápida y severa que la de la crisis financiera global de 2008, e incluso que la de la desencadenada en la Gran Depresión.

Ahorrándonos tediosos datos, se puede aseverar que mientras que la mayoría de los analistas interesados han venido anticipando una crisis en forma de V (en la que la producción caería marcadamente durante un trimestre y luego se recuperaría rápidamente en el siguiente), ahora está claro que la crisis de la COVID-19 es algo totalmente diferente. La contracción que hoy está en marcha no se parece ni a una en V, ni en U, ni en L (una marcada crisis con estancamiento). Más bien, parece una contracción en I: un derrumbe de los mercados financieros y de la economía real.

Parece que el mejor de los escenarios sería una crisis más aguda que la de 2008 pero con una duración menor. En este supuesto se deben producir tres condiciones:

1) Europa, Estados Unidos, y otras economías en dificultades necesitarán desplegar medidas generalizadas de rastreo y tratamiento de la COVID-19 y cuarentenas obligatorias. Además, desarrollar y producir una vacuna a gran escala que

puede demorar 18 meses, con lo cual será necesario distribuir antivirales e implementar otras medidas terapéuticas de forma masiva.

2) Los responsables de las políticas monetarias (que han hecho en menos de un mes lo que les llevó tres años después de la crisis de 2008) deben seguir implementando medidas poco convencionales ante la crisis. Especialmente, hay que inyectar circulante a las PYMES ilíquidas pero todavía solventes.

3) Los gobiernos tienen que desplegar un enorme estímulo fiscal y suministrar dinero en efectivo a los hogares. Hay que evitar el colapso del sector privado.

Y todo esto sin contar con un recrudecimiento de la epidemia a finales del año, un incremento galopante de la inflación por la monetización de los gigantescos déficits, una posible crisis financiera añadida, y los subyacentes conflictos de Occidente con Rusia, Corea del Norte y China, más una siempre pendiente guerra entre Estados Unidos e Irán. De la calamidad que la COVID-19 pueda producir en África y otras áreas del planeta ni hablamos.

En cualquier caso, esta tragedia ha llegado a tal extremo que las soluciones emprendidas por los países actuando individualmente son insuficientes. Así, Europa, al igual que otras áreas, se ve forzada desde a comprar equipos médicos y de protección en el exterior hasta a comprometer un respaldo colectivo a las medidas fiscales emprendidas. Este problema supera las capacidades de Europa y de cualquier otro Estado, independientemente de su pujanza económica.

Es por lo que el G20 debería tomar la delantera a la hora de galvanizar la acción, como lo hizo después de la crisis financiera de 2008. En su cumbre de 2009 en Londres, el G20 se unió en torno a un plan de actuación conjunto que comprometió a los principales actores y garantizó que el sistema global siguiera operando. Hoy se necesita una estrategia similar.

Para comenzar, una estrategia global debe respaldar el esfuerzo por desarrollar y distribuir una vacuna. La pandemia de la COVID-19 ya ha generado el intercambio de conocimiento científico más rápido en la historia de la Humanidad.

Una estrategia global efectiva también debe incluir la educación sanitaria. Como dijo el director general de la Organización Mundial de la Salud (OMS) Tedros Adhanom Ghebreyesus: "No estamos sólo combatiendo una epidemia; estamos peleando contra una infodemia" que puede ser tan perjudicial como el propio virus, especialmente en países con instituciones más débiles.

Los ministros de Finanzas del G20 deben brindar los recursos necesarios antes de la próxima reunión programada en abril. La inversión requerida es mínima comparada con los costes sociales y económicos de la inacción. Y una respuesta conjunta efectiva podría sentar las bases para un multilateralismo nuevo y más ágil, que esté mucho mejor equipado para enfrentarse a los desafíos globales futuros y a la próxima pandemia.

Los esfuerzos enumerados anteriormente deben ser rápidos, a gran escala y pensados para el peor escenario. No hay lugar para eslóganes vacíos ni para la intuición chapucera. Es obligado insistir en que el precio a pagar por una respuesta ambiciosa es insignificante en comparación con aquél en el que se incurre como resultado de la indecisión o de los errores cometidos. Claro, si el virus no nos mata antes.

UNA NUEVA EUROPA

Por primera vez desde la Segunda Guerra Mundial vivimos una crisis global en todo el planeta. Y asimismo es la primera vez que, pese a que la maquinaria de la Unión Europea se ha puesto a prueba anteriormente, los ciudadanos del Viejo Continente llegan a la celebración del Día de Europa del 9 de mayo con tantas dudas suscitadas por la hecatombe sanitaria, económica, social e institucional que ha desencadenado la pandemia del coronavirus.

Esta plaga ha provocado que se intensifiquen las tendencias que en el contexto nacional e internacional ya existían previamente a su aparición. Circunscribiéndonos al ámbito de Europa, las consecuencias de la pandemia han reafirmado tanto a los que están a favor como a los que está en contra del europeísmo en su propia cosmovisión del mundo.

A la par, la actitud de muchos líderes europeos ha cambiado respecto a lo que era habitual hace unos lustros. Con anterioridad, Europa era percibida como la solución de los problemas nacionales; sin embargo, actualmente los políticos suelen enarbolar el tic compulsivo de apuntarse los éxitos como propios y culpar a Europa de sus fracasos. La última manifestación de esto ha sido la aparición de la COVID-19.

Lo cierto es que con la presión surgida por la pandemia se han evidenciado claramente las características de esta Unión Europea, que es de lento arrancar y discrepancias profundas, pero que cuenta con mecanismos afinados y complejos, a veces difíciles de explicar, los cuales están muy asentados, funcionan y conducen a acuerdos. De hecho, la Unión Europea tiene un sorprendente instinto de supervivencia, como lo demuestra la larga y dura crisis del euro.

En estos momentos, los europeos nos enfrentamos a una realidad de desamparo que al principio nos tomó por sorpresa y que viene consolidándose en los últimos años en todos los órdenes. Durante casi un siglo, Estados Unidos siempre dio un paso al frente en tiempos de crisis para ejercer algún tipo de liderazgo. En cambio, con Donald Trump en la Casa Blanca se acabó ese liderazgo. Ya con la presidencia de Barack Obama Estados Unidos había reducido sus compromisos globales, reconociendo el hecho de que no contaba con los recursos para resolver todos y cada uno de los problemas del mundo.

En otra escala, Naciones Unidas, especialmente su Consejo de Seguridad, prosigue con una falta de eficacia (tal vez de fiabilidad) en la resolución de los conflictos que aquejan al orbe, y muy especialmente en todo lo referente al COVID-19. Mientras tanto, China ha querido llenar este vacío con declaraciones testimoniales sobre la importancia de la gobernanza global, pero buscando principalmente desarrollar sus relaciones bilaterales. Igualmente, si bien podríamos haber esperado que el G-20 volviera a desempeñar el papel fundamental que tuvo durante la crisis financiera de 2008, la organización que actualmente está bajo la presidencia de Arabia Saudí, no parece que pueda jugar un papel relevante.

Con Estados Unidos ausente y la credibilidad de China afectada, existe una urgente necesidad de que alguien asuma el deber de liderar y comience a movilizar respuestas coordinadas sensatas y equilibradas a los problemas del planeta, comenzando por el coronavirus. Junto con los europeos con claridad de ideas, debemos preguntarnos si la Unión Europea está en condiciones de dar ese paso, o se encuentra consumida en sus propios dilemas. En un mundo posestadounidense esa es la pregunta a la que tenemos que responder.

A la pandemia debe seguir una nueva era de cooperación internacional y un fortalecimiento de las instituciones multilaterales. Esto se aplica a Europa, en particular. La alternativa es, como siempre, o una Unión Europea que quede a caballo entre lo intergubernamental y lo supranacional, o una Unión Europea que avance en el proyecto de integración. Pero, en el largo plazo, una casa a medio hacer apenas da cobijo y se acaba hundiendo.

Quizás no sea aventurado considerar que la transformación de la Unión Europea podría ser la gran sorpresa de la crisis de la COVID-19.

75º ANIVERSARIO DE LA ONU: ALGO QUE APRENDER

La sede de la Organización de las Naciones Unidas (ONU), antes de trasladarse a su actual complejo a orillas del East River, entre 1946 y 1952 hizo de una fábrica de armamento, Sperry Corporation, su segunda sede temporal, en Lake Success, Nueva York. Así, una fábrica para la guerra se transformó en una fábrica para la paz.

Ahora, la ONU celebra el 75.º aniversario de su fundación. Y aunque en el pasado jugó un papel primordial en el contexto internacional, este papel ha ido mermando notoriamente. Mas, incluso con todas las imperfecciones y limitaciones que acompañan a esta organización, posiblemente, el mundo habría evolucionado peor sin ella.

La ONU encarnó los mejores ideales de la Humanidad. La ONU se construyó sobre tres pilares. El primero fue la paz. Su objetivo básico fue tener éxito donde su predecesora, la Sociedad de Naciones, había fracasado. El segundo pilar lo constituían los derechos humanos. Así, en 1948, la Asamblea General de la ONU aprobó la Declaración Universal de los Derechos Humanos. Y el tercer pilar se centró en el desarrollo. Según la Carta de la ONU, los países miembros están comprometidos a "promover el progreso social y elevar el nivel de vida dentro de un concepto más amplio de la libertad". La agenda de desarrollo también incluyó el objetivo de reducir las desigualdades entre los países, además de la descolonización.

De hecho, la ONU ha defendido un concepto amplio de "desarrollo sostenible", que reconoce que un desarrollo adecuado a largo plazo debe tener en cuenta los aspectos económicos, sociales y ambientales. En 2000, la ONU adoptó los Objetivos de Desarrollo del Milenio, que fueron sucedidos en 2015 por los Objetivos de Desarrollo Sostenible, los cuales constituyen hoy el marco principal del mundo para hacer avanzar esta agenda.

Pero si bien es cierto que ha promovido una extensa panoplia de acciones, las Naciones Unidas han quedado muy lejos de cumplir sus metas de "mantener la paz y la seguridad internacional", "desarrollar relaciones amistosas entre los países" y "lograr la cooperación internacional para solucionar problemas internacionales". La pandemia de la COVID-19 nos ayuda a ilustrar el porqué: el Consejo de Seguridad de la ONU, el componente más importante de su sistema, logró en gran medida tornarse irrelevante gracias a que China bloqueó cualquier papel significativo del órgano ejecutivo de la ONU, evitando así que se la critique por la mala gestión inicial del brote y se la responsabilice por sus consecuencias. Es decir, el resultado es que las grandes potencias moldean la ONU que quieren, no la que el mundo necesita.

Nada de esto es nuevo. Durante las cuatro décadas de la Guerra Fría, la ONU se convirtió en un escenario para la rivalidad soviético-estadounidense. Que la Guerra Fría no se llegara a calentar se debió, no tanto a lo que tuvo lugar en la ONU, como a la disuasión nuclear y a un equilibrio de poder que impulsó la cautela en el comportamiento estadounidense y soviético.

Posteriormente, se generaron esperanzas de que la ONU pudiera ostentar un papel mayor tras la Guerra Fría. El optimismo pareció estar justificado en 1990 cuando los países del mundo se unieron a través de la ONU para oponerse y revertir la conquista de Kuwait que perpetró Saddam Hussein.

Ese acontecimiento fue una excepción porque entonces la Guerra Fría eclipsaba y las relaciones entre Estados Unidos con China y la Unión Soviética eran relativamente afables. Además, había poco aprecio por el dictador iraquí, cuya agresión violaba la norma internacional fundamental de no modificar las fronteras a través de la fuerza, y la meta de la coalición respaldada por la ONU era limitada y conservadora: echar a las fuerzas iraquíes y recuperar el *statu quo* en Kuwait, pero no cambiar el régimen en Irak.

Después las cosas cambiaron. Podríamos citar varios hitos como coadyuvantes de la parálisis de la ONU. Las relaciones entre las grandes potencias se deterioraron significativamente y la organización se tornó cada vez menos relevante. Rusia, heredera la Unión Soviética en el Consejo de Seguridad, evitó una acción unificada para poner fin al derramamiento de sangre en los Balcanes. La ONU tampoco logró evitar el genocidio en Ruanda en 1994. La falta de apoyo internacional llevó al gobierno del presidente George W. Bush a prescindir de Naciones Unidas cuando entró en guerra con Irak en 2003. La oposición de Rusia evitó cualquier acción de la ONU cuando se anexionó ilegalmente Crimea en 2014. La lista podría continuar con otros acontecimientos de menor dimensión. Junto a ello, la organización ha permitido que su imagen se vea manipulada y perjudicada por algunas ONG a las que da cabida en su Comité Económico y Social (ECOSOC) como consultoras y que persiguen fines espurios.

En términos generales, la ONU ha desilusionado debido a las mencionadas rivalidades entre las grandes potencias y a la reticencia de los países miembros a conceder mayor protagonismo a Naciones Unidas. Las propias limitaciones de la organización tampoco han facilitado su tarea debido a varios motivos: un sistema clientelista que asigna demasiadas personas a puestos importantes por motivos ajenos a su idoneidad, una falta de rendición de cuentas y una hipocresía malsana alrededor de la organización.

Actualmente, un panorama global más anárquico que relega a las organizaciones internacionales a un papel residual y desdeña los principios más básicos de convivencia entre Estados sólo beneficia a aquellos que se han especializado en pescar en río revuelto. Este será un mundo de expansionismo territorial, injerencias gratuitas en los asuntos internos de otros Estados, ciberataques masivos a infraestructuras estratégicas, espionaje desenfrenado, y utilización impune de sustancias químicas y otros medios ilegales para amedrentar o incluso eliminar personas. La clase de conductas que la ONU debía evitar.

Sin embargo, una reforma significativa de la Organización de las Naciones Unidas, en principio, no es una opción realista, ya que los cambios potenciales (como alterar la composición del Consejo de Seguridad para reflejar la distribución de poder en el mundo actual) favorecerían a algunos países en detrimento de otros, y quienes salieran perjudicados bloquearían tales cambios.

De todas formas, quizás tal reforma podría estar a nuestro alcance, siempre y cuando emerja a nivel internacional un liderazgo suficientemente responsable, honesto y audaz. El mejor homenaje a los setenta y cinco años de la ONU, y al espíritu posibilista que animó a los primeros diplomáticos que recorrieron los pasillos de la fábrica de la paz, sería convertir esta organización en un sólido instrumento que sea útil para atajar las grandes dificultades que nos está deparando el siglo XXI. Aunque, por ahora, estamos lejos de lograrlo.

La buena noticia es que los países pueden crear alternativas (como el G7 y el G20) cuando la ONU no es suficiente. Se pueden formar coaliciones entre los países relevantes, dispuestos y capaces para actuar sobre desafíos regionales y mundiales específicos. Vemos versiones de esto en la política comercial y el control de armas, y tal vez lo presenciemos para la acción climática y la creación de normas sobre el comportamiento en el ciberespacio. Los motivos a favor del multilateralismo y la gobernanza mundial son más fuertes que nunca pero, para bien o mal, tendrán que ocurrir en gran medida al margen de la ONU.

Un ejemplo singular de ello es la Unión Europea que ha logrado materializar a nivel regional los mejores anhelos que impulsaron a la Organización de las Naciones Unidas. Posiblemente, la Unión Europea es el más leal aliado con el que esta organización cuenta por su compromiso con el multilateralismo y con el apoyo político, económico y diplomático a la ONU, incluidos sus canales para la resolución de conflictos internacionales.